紹興大典 史部

光緒上虞縣志校續

2

中華書局

上虞縣志校續卷五

列傳一　名宦　後附事略

度尚漢　顧雍　劉綱　華覈以上三國

顏含　傅晞　周鵬舉　徐祚之

王隨之鎮之以上晉　卞延之　周洽以上南北朝　金堯恭

崔協以上唐　王存　陳休錫　趙不搖

葉䫉元泳　陳炳漢　汪大定　樓杓葢溥

江公亮　婁寅亮　沈煥以上宋　馬思忽

佛家奴　王璘阮維貞　張垕　智紹先

李孝義　于嗣宗　張叔温　林希元

李濬　韓諫　趙元齡　陳子翬以上元

趙允文　馬馴胡敏楊奐　鄭汝敬　蕭宏

陳祥　汪度　楊紹芳　鄭芸

陳大賓　熊瓚　羅尙德　李邦義

謝艮琦　胡思伸　徐待聘　李拯

余颺　蕭與成　濮陽傳　馬慶

楊麟　溫汝舟　丁汝驤　彭英

金九皋以上明　劉方至　鄭僑　張殿

張逢堯　施繩武　崔鳴玉　李宗傳

錢東垣　周鏞　楊溯洢　徐廷鑾

夏禹源　龍澤澔　孫欽若　張致高

劉書田　胡堯戴　曹爕

漢

度尚字博平山陽湖陸人拜郎中元嘉元年除上虞長爲政嚴峻發摘姦非吏民謂之神明門下書佐朱雋有不凡操恒歎述之薦於太守尹端爲主簿雋後官至車騎將軍遠近奇尚有知人之鑒先是漢安二年孝女曹娥投江求

父屍鄉人瘞江邊莫之有表尙設祭誄之改葬娥於江南道傍立廟使外甥邯鄲湻爲碑文以彰孝烈故洛陽市長湻于翼學問淵深志節高尙隱於田里尙晨往候其門匿不出見主簿白還不聽停車待之晡時乃得見尙禮極恭相與講道詢政乃退桓帝時擢荆州刺史歷桂陽遼東太守年五十卒祀名宦據後漢書本傳正統萬歷志兼後漢列女傳曹娥碑水經注

三國　吳

顧雍字元歎吳郡人從蔡邕學琴書弱冠州郡表薦爲合肥長由曲阿轉上虞有治績時孫權領會稽不之郡以雍

爲丞行太守事討除寇賊郡界安靜入爲右司馬據三國志吳書本傳正統志李府志○案元歎各志誤作元歡

劉綱字伯經下邳人初居四明山爲上虞令政尚清潔比歲豐稔民受其惠後師事白君受道功成昇仙於四明山與妻俱有道術嘉泰志兼正統萬[歷]志○案舊列仙釋傳劉令虞且有善政應移此

華覈字永元吳郡武進人來尉虞邑以文學召入秘府孫皓郎位屢疏陳便宜累遷東觀令正統志據吳志今參李府志

晉

顏含字[宏]都舊志都誤作卿琅邪莘人少有操行以孝聞元帝過

江以爲上虞令累除東陽吳郡太守所歷簡而有恩明而能斷遷光祿勳晉書本傳

傅晞北地泥陽人正統志作涇陽有才思爲上虞令甚有政績卒於司徒西曹屬晉書傅元傳○萬歷志其弟敷解屬文官尚書郎太傅參軍避永嘉亂與晞遂家上虞刋誤案晉傅元子咸嗣咸有三子敷晞纂其弟當作其兄○萬歷府志其孫隆家上虞爲會稽征冠參軍博學多通尤精三傳仕終戶部尙書

周鵬舉字垂天會稽人爲上虞令有惠政遷雁門太守及去任全家溺漁浦湖民追思之祀以爲神萬歷府志○圖經云鵬舉自雁門還會稽遊上虞驛亭東有漁浦湖乘白馬沈湖化去案正統志云是時南北旣分東晉無雁門引圖經作漢周鵬

舉沈湖注晉字或誤見重修遺德廟記是疑鵬舉爲漢時人矣

徐祚之剡人爲上虞令政教修舉士民咸得其所南史兼李府志○案正統志祚之傳列東晉誤又舊志有徐羨之傳宋書南史羨之傳並不言令虞且其人以弒逆見誅今從刪

王隨之琅邪臨沂人令虞有治績家於虞子鎮之字伯重初爲琅邪王衛軍行參軍由剡令上虞又令山陰並有能名後爲安成太守母憂去職在官清潔妻子無以自給乃棄家致喪還上虞舊基宋書○正統志引南史本傳云以母老求補安成太守護喪還舊墓案基作墓是

南北朝

卞延之濟陰冤句人弱冠爲上虞令有剛氣會稽太守孟顗以令長裁之積不能容脱幘投地曰我所以屈卿者正爲此幘耳今已投之卿矣卿以一世勳門而傲國士拂衣而去南史卞彬傳○案舊志有王晏傳沈奎刊誤駁之是也今刪

周洽汝南人歷上虞令廉約無私卒於都水使者無以殯殮吏人爲買棺器南史循吏傳兼正統志

唐

金堯恭寶歷二年令上虞於縣西北置任嶼湖與黎湖灌田二百餘頃興利除害民甚德之正統志萬歷府志

崔協博陵人大中元年以戸曹攝上虞值歲大旱民賦無所出協請蠲於上不許遂傾家貲代輸之及卒邑人立祠祀之至今縣西六里有祠尚存祀名宦嘉靖浙江通志正統志乾隆府志○萬曆志後知縣陳大賓建石坊表崔公祠有碑記

宋

王存字正仲潤州丹陽人慶曆六年登進士第調嘉興主簿擢上虞令有豪姓殺人久莫敢問存按以州吏受財豪賂他官變其獄存反爲罷去宋史本傳

陳休錫建炎元年知虞事時湖多廢爲田民訴於府諭使

者下其狀於縣休錫悉罷境內湖田使者以未得朝旨數窘之休錫不爲動是歲不登獨上虞得湖水之利大稔祀名宦萬歷府志

趙不搖紹興初令虞時縣治毀於兵亟事創建各得其宜夏蓋等湖漸廢爲田大妨水利不搖白於朝悉復爲湖民至今受其利祀名宦正統志萬歷府志

葉顒字子昂興化軍僊游人登紹興元年進士第甲戌知上虞縣凡繇役令民自推貲力甲乙不以付吏民欣然皆以實應催租各書其數使自持戶租至庭親視其入咸便

之帥曹泳令夏稅先期送什之八[闕]請少紓其期泳怒及麥熟民輸反爲諸邑最泳喜許薦於朝固辭嘗慨士不趨學斥大庠舍勸掖備至乾道初拜尚書左僕射服食不改其舊卒謚正簡子元泳復令虞益田養士人稱濟美並祀名宦宋史本傳兼正統志萬歷府志

陳炳號退庵長樂人紹興中來知虞事居官務行所學德及士民著有退庵文集十五卷校職合詞請與葉正簡並祀於學尚書陳塏爲置田冞祠立石曾孫潢正統志炳傳下作元孫與潢傳不同亦爲邑令有功於學配祀先賢正統志兼萬歷志康熙志○浙江通志循

吏傳引嘉興府圖記陳炳字宜之石門人令上虞有西溪湖廢爲田參政張綱嘗浚之刻石爲記歲久豪右復據夏旱民持刻石請復湖豪右撓阻炳不忍委棄三鄉民命卒浚復之百姓歌曰前復湖張參政後復湖陳縣令與我衣食全我命後除提轄文思院卒案通志選舉志作乾道二年丙戌進士崇德人崇德即石門與舊志不同嘉慶志職官表云一作崇德紹興中任似牽合爲說致有紹興乾道之殊今並存疑

汪大定字季應鄞人淳熙中令上虞才敏慮周政務平易丞常錄縣事徑杖其吏或訴之大定謂本縣丞何不可撻汝遂更加懲治丞亦媿服時魏王愷於四明使者旁午上虞通明堰最高潮至輒回喪舟不克濟大定相視地形復興舊閘增濬查湖開支港創小堰以通餘舟募二百人別

以旗色列左右俟大舟入閘卽引湖水灌之水溢堰平衆力挽行餘舟畢濟民用不擾使者稱不絕口萬歷府志兼采樓鑰撰墓志

樓杓鄞人表作四明上虞丞涫之子樓鑰有送杓孫隨侍上虞詩嘉定十七年來知縣事以學從政不苟目前凡可便於民者知無不爲主義役法禁產戶詭挾除浮財役錢舉行鄉飲常補葺學宮建明倫堂櫺星門又建豐惠德政二橋後倅臨安正統志府志兼鄞縣志袁燮豐惠橋記後知縣事葢溥嘗置學產養士推爲賢令配先賢祠正統志

江公亮新定人元符庚辰進士政和間爲虞邑丞有廉聲能文詞作縣治朱娥廟二記正統志○案萬歷府志附見婁寅亮傳中稱後有丞江公亮萬歷志作汪公亮謂時稱上虞二亮虞乘刊誤謂作記在政和三年攷正統萬歷各志實作四年較寅亮上疏先十六年應在婁前今依正統志尊傳列前

婁寅亮正統志婁作樓字陟明永嘉人政和二年進士爲上虞丞有政聲建炎四年高宗至越上疏請育太祖諸孫爲嗣畧云先正有言太祖舍其子而立弟此天下之大公仁宗感悟其說詔英宗入繼大統屬者椒寢未繁前星不耀臣欲乞陛下於子行中選太祖諸孫有賢德者視秩親王以待皇嗣之生退處藩服帝覽疏感悟紹興元年召赴行在擢監察御史秦檜惡之坐廢宋史本傳兼正統志萬歷

府志

沈煥表依正統志作渙字叔晦定海人乾道己丑進士第二授迪功郎上虞縣尉居官三年砥礪名節無秋毫私增葺學舍訓導有法馭下嚴紀律毋得輒至鄉井不得已而遣期以某日某時反命無敢差訪求版籍得之胥吏家曰是政本也而此曹私之不謹防何以經久鐍而藏諸庫榜曰經界而歸權於長約束堅明吏姦莫措邑人賴之調揚州教授旋除幹辦浙東安撫司公事歲旱常平使分擇官屬振卹得餘姚上虞二縣煥躬行阡陌撫詢戶口察顏色餙貌者

自退而飢民皆得食無復流殍後通判舒州卒追贈直華文閣謚端憲祀名宦本傳兼正統萬歷志○案絜齋集通判沈公行狀周必大撰墓志言行編宋元學案鄞縣志鎮海縣志俱作上虞尉燭湖集附煥撰孫介行狀亦自言尉上虞蒙齋集贈沈智甫序言煥尉上虞張處士墓志石刻在乾道五年稱上虞縣尉沈煥書惟宋史本傳寶慶續志言授餘姚尉考行狀墓志先出當可據

元

馬思忽至治朝舊作至正中府志作至元據戴俞修學記更正爲虞邑達魯花赤監政七年同僚尚嚴刻馬思忽濟之以寬民田有坍江者糧額未除皆優使輸布邑不產茶鄰境以官米侵擾奏遏

之嘗奉檄讞他邑獄或持執政風旨使上下其手馬思忽不聽枉直無所失邑人稱之正統志萬歷府志

佛家奴府志作孥林葺明倫堂碑作兒自新昌再調斯邑至正壬辰之任言無妄舉政無擅爲民皆愛之正統志○案萬歷府縣志附入馬思忽傳云至正中爲監邑政令不擾四境晏然

王璘字景文臨沂人至元末尹上虞舊作至正末據宏治府志戴俞修學記更正時憲使相繼涖邑璘氷蘗自守一意承宣刑不妄施獄屢告空優老興學人皆德之正統志兼宏治府志

大德末阮惟貞來尹虞字子貞金臺人政通人和興學校徹明倫堂而大之

正統志

張匡字德修成都人〔萬曆府志作臨沂人〕至治中尹虞廉潔無私請託不行新學贍士民田無籍差徭無據匡爲籍以均賦役嚴警私鹺邑以治聞祀先賢之列〔正統志參萬曆志〕

智紹先字孝思蠡吾人後至元丙子來尹虞民病私鹽紹先殫心規畫勸率大家助鹽本轉運有方官民便之鄰境取法更敝譙樓修公宇多所建立〔正統志參萬曆志〕

李孝義字致道保定人早歷省院以堅正名至正壬午由吏部主事出尹虞綽有政聲既除宣政院都事人惜其去

爲立去思碑於縣門左正統志○案正統志載會稽縣尹夏日孜撰去思碑文作李侯好義與備稿同

于嗣宗字德元其先錢塘人至正初尹虞以慈惠稱嘗勸民出粟爲石堤捍海遺利甚遠正統志兼萬歷志

張叔温雲中人至正戊子尹虞能文章嘗令邑人獻上虞舊志重輯萬歷志

林希元號長林子天台人康熙志作福建人寓天台由翰林應奉出尹虞在官廉介妻子恒有饑色希元處之泰如也白馬西溪兩湖每爲豪民所侵乃定墾田數湖始復舊旱潦咸賴之

著西溪湖賦併議重建明倫堂續修邑志嘗請立箕子廟於遼東祀董仲舒於廟廷皆有功名教者擢南臺御史命甫下而卒貧不能殮邑義士趙汝能營棺劉坦之捐山葬瑞象之原著有長林存稿祀名宦子家於虞正統志參萬歷府志康熙志

李睿字景明武平人至正間尹虞和易有守歲久旱方病目周視阡陌免其租稅上妃白馬夏蓋三湖爲前尹林希元墾復林去而湖復廢睿力復之左目竟失明秩滿遭亂不歸卒葬於虞謝肅銘其墓萬歷府縣志

韓諫字自行天台人至正中尹上虞廉聲甚著值兵興善處供億民不擾而用足時有以夏葢湖獻長鎗軍者諫言於督軍郎中得寢勤開墾嘗均西溪湖田定四等賦民咸利之又建忠恕堂以造士正統志萬歷府志

趙元齡字子年宛邱人尉上虞先是縣官收職米率三倍元齡獨無升勺過取士兵隸於有司者子視之秋毫無所擾邑人謂之曰縣尉不要錢只有趙子年正統志兼萬歷志

陳子翬奉化人至正甲午掌教事行已端嚴誨人以規矩長於文詞會修邑志捜名宦鄉賢事實悉贊之萬歷志

明

趙允文鄆城人洪武元年知縣事招撫流散差定賦役民樂吏化邑里晏然三年擢杭州同知正統志○補稿案明辟文舉有東山圖送趙邑侯朝京詩

馬馴薊州人建文己卯知縣事操履清正寬而有威弊革政舉百廢具興陞後軍都督府經歷民懷其惠胡敏鳳陽定遠人於壬午年知縣事案舊均作洪武聰明廉介政舉訟息滿秩陞工部員外爲御史楊奐袁州萬載人永樂庚寅知縣事持己廉撫民惠政務公勤仁聲四聞擢廣東僉憲正統志

鄭汝敬字行簡以字行歙人永樂乙未進士由永清調知上虞爲政務抑豪右恤窮乏勸農桑治興梁興學宮百廢具舉居二年邑大治御史尹崇高行部嚴厲嘗問郡守屬令孰優守曰惟鄭尹清介但氣大耳崇高歎曰居官患不氣大氣果大當充塞宇宙而可以是病之耶乃考行簡爲治行第一凡别縣有疑訟不決者多付理之同僚忌甚邑有耆儒柳南仲賢而有文行簡敬之憫其貧贈以綿絮南仲狷介不受以錢百文櫜詩爲謝行簡辭錢受詩羣以是誣之將左遷以毋年高遂解職歸虞人請留不得萬歷府志兼獻

徵錄

蕭宏字克裕武岡州人天順己卯鄉舉知上虞縣縣故多豪族率以事持縣官短長宏捕得黠者寘之法豪貴歛戢恫悉民隱而自奉儉薄罷官後妻子至無以自存民立專祠祀之寶慶府志參補稿祠今無考新纂

陳祥字應和高安人宏治壬戌進士癸亥知上虞臨政嚴明人莫敢干以私歲饑按口施賑復請於朝得內帑以繼之蠲秋糧十之七他邑流徙者爲施粥等慈寺全活甚衆嘗刻鄉約與民更始優崇學校士氣奮揚期年以憂去邑

人賈暹有去思記祀名宦萬曆志兼於越新編

汪度字洪夫績溪人宏治十八年以鄉貢知上虞自奉儉約衣至十澣不易朝夕豆羹一盂而事母極豐腆民有責犢以償薪俸者廉知之命歸贖其犢或有犯必理諭再三未嘗輒加鞭撻民亦不忍欺正德初逆瑾誣以受賄薦邑士徐文彪當贖罪落職民爭助不許卒粥故里之田以輸去之日士民擁道向泣餽贐甚豐悉謝卻正德庚辰爲樹清介碑於接官亭祀名宦萬曆府志於越新編○邑人朱袞清介碑頌云卓卓汪侯清苦持守三載居官一分不苟逆瑾弄權誣以贓垢削籍去官奪我父母悠悠我思天長地久

楊紹芳字伯傳應城人嘉靖甲申由進士知縣事興剔利弊改運河拓學基修築海塘剙建奎文閣治績甚著擢御史去士民爲立去思碑萬歷府縣志○康熙志軼事紹芳嘗候上官於東郭日晡民獻蒸餅污其袍叩頭請罪紹芳曰以食餽我情也食而污衣其事在我且汝安見衣有久而不壞者乎溫顏遣之

鄭芸字士馨莆田人嘉靖乙未進士戊戌自松陽移知上虞首濬沙湖築塘於曹娥江瀦蓄水備旱旁開河渠數里便民通商有侵佔上妃白馬夏蓋三湖者罰穀備賑刻石永禁自洪武初湯和徙城石於臨山虞遂無城芸慨然議以湖歲入之利倡築縣城設法運濟不勞而事集後倭寇

三犯虞境以有城得安堵遷監察御史尋卒士民懷德立祠置田祀之邑人朱袞撰碑記萬歷府志兼獻徵錄

陳大賓字敬夫江陵人嘉靖甲辰由進士來知虞值歲祲爲請蠲稅賑濟越歲又旱赤日中徒跣露禱甘澍時降邑西北濱海躬親築堤以捍潮患新學校興起人文申明聖諭俾小民咸若於訓議復西溪湖會拜南臺御史士民立去思碑萬歷志

熊澂字少山南昌舉人嘉靖庚戌知虞性鯁直不畏强禦有觸忤輒怒理解即安贖鍰羨鏹視之若染日以疏水自

給政刑清平卒於官民哀慕之萬曆志

羅尚德字希容山西臨汾人嘉靖丙辰進士丁巳虞邑患島寇尚德來攝篆綏征輕役外攘內安會暴卒闔邑感慟立祠祀之嘉慶志

李邦義字宜之廣東連州人嘉靖丁巳由進士來知虞事時督撫禦倭海上悍兵往來驛騷邦義委曲籌應民賴以安爲政嚴明不苛待士有禮處民事如家事務不拂其好惡召拜給事中終南京鴻臚寺卿萬曆志

謝良琦字景韓武進人隆慶戊辰進士己巳春令虞明敏

廉幹棼錯刃解務擿奸懲惡以安良民尤嘉與士類升堂講書相與辨難涖任未期翕然仰化將新學宫濬玉帶溪適以憂去官終南兵部郎 萬歷志

胡思伸號沖寰績溪人萬歷乙未進士知上虞下車即清丈田土息民爭訟在任九年利弊周知民鮮犯法捐俸置學田三十畝修築新安巽水二閘爲民利賴閘旁皆立祠祀之官至侍郎祀名宦 康熙府縣志 乾隆通志

徐待聘字廷珍常熟人萬歷辛丑進士自樂清調上虞雅好文學惠民勸士城鄉水利靡不修舉夏蓋湖侵佔清

玉帶溪壅淤相度西溪湖地形條議請復又廣置義塚親裁邑乘捐俸付剞劂秩滿陞刑部主事康熙志

李拯號仁庵福建晉江人崇禎戊辰進士令上虞所按訟牒明是非而止罕及荆楚歲時餽遺勿納蔬食晏如夜則篝燈讀書喜與士論文獎拔皆譽髦嘗出五年俸修學校不借民工不責贖鍰累陞工部主事瀕行檢篋中墨蹟有貽自紳士者悉還之康熙府志

余颺字賡之福建莆田人崇禎丁丑進士令上虞藹然易親中有介性不可撓有以文藝交者歡若平生甲申燕京

陷土賊乘機竊發猝入城颺率鄉勇巷戰格退之所獲賊首毙杖下燔其黨籍不窮治株連一時良莠無不感泣康熙府志

蕭與成字世功太倉人爲上虞丞多善政開夾塘功最著故有大小二查湖蘿巖蘿壁諸山水委之田數千頃浸爲潦與成開夾塘修八埭以淫潄衆流湖旁窪田皆倍收居民爲碑頌之據王錫爵撰墓志銘新纂

濮陽傳廣德人萬歷初由貢生爲虞丞有吏才築南門外橫涇壩尤加意三湖修韓家閘所措置可垂永久今傳有

濮陽墩優文學暇偕文人登玩山水輒發豪吟不知者呼爲濮癡萬歷志

馬慶淮安人成化間由舉人掌教事嚴以律己勤以率人集諸生於各號舍給膏火番夜躬自訓督三年業皆大就萬歷府縣志

楊麟號石州邵武人萬歷辛巳由松陽訓導擢上虞教諭嘗攝縣符清操益著三年致仕去虞士德之爲立去思碑於土地祠前萬歷志兼碑文

温汝舟烏程人由貢授館陶訓導遂登山東鄉榜萬歷壬

辰來司諭當時弟子請廩餼必篚幣爲禮汝舟麾之曰柰何以朝廷珍異諸生者重爲諸生苦一切歲節之遺戒勿入從與邑令楊爲棟置學田若干濟貧士以其餘爲課資五載擢太湖令去虞士立去思碑於明倫堂萬歷志兼黃猷吉撰碑記

丁汝驤字叔潛仁和人萬歷戊午舉人敎諭上虞善詩文尤工書法所交皆名士與弟子朝夕講論接引恐後出俸資自闢學署數楹瀟灑不羣後由工部郎中擢敘州知府康熙志

彭英字育之萬安人嘉靖間由歲貢司訓上虞天性樸誠

襟懷疏曠潔已端範甚得士心越三年以疾去諸生餞送曹江多泣下（萬歷府志）

金九皋字聞野武進人涵養淵邃識趣高奇肆筆咸屬名言與徐徵弦輩樹幟詞壇隆慶間司訓上虞士習更新以直指特薦擢武康令士子攀留不得有就學武康者（萬歷志）

國朝

劉方至山東人以明經授紹興府推官寬和慈惠涖任甫一載政清刑簡視上虞篆剔弊更張民懷其德順治戊子三月明臣王翊率衆夜攻城守兵單弱不支方至遇害事

聞贈按察司僉事（嘉慶志作贈尚寶司少卿，疑誤）蔭一子入監讀書（據大清一統志、浙江通志、乾隆府志）

鄭僑，號博物，祁州人，順治辛丑進士，康熙初（嘉慶志作九年，與八年修城事未合）知虞事，一意撫字，凡有利於民者，知無不爲。先是虞市物有官價，僑出示禁革，至今民受其惠。八年修縣城，十年輯縣志，延邑士唐徵麟輩分纂之（浙江通志兼嘉慶志）

張殿，字國相，上虞把總，籍貫未詳，或曰名虎，山西人。素愛民。縣有故巡檢司土城，康熙十七年七月，海賊掠邨落，殿命婦女入避土城竹林中，而身與僕刃門焉。賊至，奮擊之

手刃數人賊相顧切齒以刀環斫相持久之力屈與僕同遇害里人建祠祀爲土地神乾隆府志

張逢堯直隸滄州人乾隆間由舉人來知虞政績甚著會夏亢旱禾盡槁逢堯素服麻鞋數抵龍潭祈雨踰岡嶺數十重荆棘刺股血至脛不顧雨猶未降復日冐酷暑跪堂下痛自引責自朝至暮不起勺水不入口聲瘖疾幾危天乃雨歲遂大熟嘉慶志

施繩武字韓起崇明人乾隆丁卯以分司署縣事時運河後新河淺狹旱潦無備集紳耆仿古對產出夫法命兩河

南北種植之民開濬之自外梁湖至十八里河長四十里廣二丈五尺躬自爲式晨夕巡視不二月功成酌減佃戶租額嚴禁僧尼同居俗爲一新嘉慶志兼施東廬稿○補稿云繩武三月卸事後復捐俸疏濬玉帶溪迴抱縣治

崔鳴玉字樂成直隸獻縣人嘉慶八年由舉人知虞事明年于役楚江十一年復任崇文好士廉潔有聲重脩縣志十四年歲飢籌款賑濟民賴以生據備稿纂

李宗傳字孝曾世居桐城後遷廬江嘉慶戊午鄉舉知麗水縣結案七百起理紹郡積牘明斷稱白面龍圖公由平

湖瑞安移知上虞發積聚以救民飢浚城河以復文運革濠埧夫行及吳家渡船夫恣索諸弊方大旱步禱黮山雨立降至講課興學振拔單寒無不周浹人心其察鹺弊卻商賂尤爲帥撫軍承瀛所重會蔣礪堂汪瑟菴交章論薦除浙江督糧道後官湖北布政使卒年七十有四據家傳新纂

錢東垣字旣勤嘉定人家傳經學著述宏富爲大興翁方綱儀徵阮文達所稱賞登嘉慶戊午鄉榜初知松陽訪緝强暴道光元年冬令虞除暴安良求治一如松陽振興文敎勸士以敦品力學爲先下車觀風講求經史充癸酉壬

午兩科同考官名士多出其門踰年卒於官會縣試未竣猶手披童子卷喪歸民咸泣送之據嘉定縣志及錢氏藝文志署新纂

周鏞字序東湖北漢川人道光壬午進士甲申涖虞風規峻厲明察如神甫下車寘猾吏林某於法合邑肅然西北和尚橋舊有匪徒聚黨肆掠鏞率縣兵捕治地方以靖居民肖像祀焉嘗疏濬十八里河按畝征丁農商均享其利案又嘗濬百官下河道詳水利奉文建城鄉社倉百數十處興利除弊吏民畏愛調任山陰據備稿纂

楊溯洢號春帆雲南雲龍州人道光辛卯冬攝虞事以興

學造士爲己任邑故無試院見生徒咸集縣治廊廡間不蔽風雨憫之遂首捐廉俸相度城東隅故倉基改造經正書院延儒主講並建考棚於中詳定考課章程著五美錄刊示至今多士賴之據備稿纂

徐廷鑾號鑾坡石門廩貢生司諭虞庠董建城東書院考棚不辭勞勩嘗改葺承澤書院爲義塾以教童蒙又出己貲爲諸生月課膏火士多向學與知縣楊溯洢皆署任數月功可垂諸久遠參用備考

夏禹源號仙槎永嘉人登嘉慶庚午賢書司諭虞庠品學

醇茂行文先民是程多執贄受業者後感懷時事又因母老引疾歸見國朝兩浙校官詩錄

龍澤澔字春皋湖南桃源人道光癸巳攝嵊篆戊戌調署上虞下車三月訊結積案二百餘起訪辦巨憝數人剖斷明決胥吏肅然奉檄修築北海塘詳請開掘梁湖漲沙庚子剏建轉壩文瀾閣勘丈沿江沙地歸書院增設生童膏火捐葺文廟添建書院尊經閣重修治前鼓樓捐復前令周鏞所設社倉穀百六十處涖任二載百廢具興適英夷事起大吏委辦軍需以勞瘁嘔血卒據備稿

孫欽若字敬之山東茌平人道光甲辰進士乙巳署縣事廉明寬厚撫御有方決獄慈祥民不忍欺先是邑患夥盜刼掠欽若至即獲其酋餘盜不敢入境去之日士民有泣下者據備稿

張致高字遜候雲南太和人登道光癸卯鄉薦庚戌來知虞明年七月受代十月復任咸豐壬子秋又受代甲寅春復任至次冬去虞虞民多挽留之先後涖任凡四年興利除弊循良之聲溢於鄰壤值大水決江海塘口十七處籌巨貲築復先是西北鄉按田畝輸捐曰塘糧農民苦之致

高亦請永免據采訪

劉書田號芸齋河南安陽人咸豐乙卯冬由秀水署上虞勤求吏治甫下車知沙湖塘民築不足恃引爲己任會江水陡漲幸塘身已高三尺得屹然不動沿江自後郭至呂家埠沙牆由竈地賦首經修工亦壞書田得人而理值江潮並旺而險工已成西小壩屢經偷決書田別開水道取新泥塞舊溝於是官河在內前患頓除西谿湖東閘銲漏填以三和土外護大石中邊俱固其尤著者丙辰秋捕蝗一事收買親給其値明年遺種復出在柴蓬蒙密中者人

力莫施爲禱於楊家溪劉猛將軍廟并舁神歷有蝗諸郵閱二日蝗卽不見各鄉均有奇驗又嘗捐資購義冢由北鄉歸安局輸糧皆本素願焉據志載修築各記及自作捕蝗記新纂

胡堯戴字蔭庭湖南武陵人咸豐九年知虞事聰察强幹政尚威猛未涖任先爲籍記諸不逞者下車卽按籍治之餘姚土匪犯縣境堯戴練勇防勦十一年會同餘姚謝敬獲其酋黃春生磔於市十月粤匪由嵊犯虞堯戴督軍迎擊賊大至力不敵與候補縣丞李光祖同遇害事聞　贈太僕寺卿時典史曹燮字槃祥順天宛平人從容坐獄自

壽後葬北門之七星墩新纂

附事略案漢晉來名宦事蹟無多者舊志分列傳表體例未稱今益以他書所見者次以時代附存列傳卷後示不掩美

晉華茂有治績嘗與王右軍蘭亭會賦四言詩正統志

五代葛政一有惠政因家焉嘉慶志表兼明謝瑜撰葛坦溪行狀

宋朱南强字柔立虞民煮鹽致訟爲析利害上提舉請置場交易民便之安吉州志　戴延興築西溪湖堤七里明呂本復西溪湖記　劉筈有志興葺化民成俗正統志　趙希賢書宋寶慶御書碑刊補　趙希悅字安臣方巖鄉人好古尚義太平志○以上

知縣張元需以扈蹕功授丞有異政遷富陽令致仕家百
官萬歷志職官馬季良爲劉美壻由尉擢至龍圖閣直學士
宏簡錄劉美傳
元丁允文元統三年上司巡歷至縣允文詳說水利緣
由刑補引陳氏五鄉水利本末王芳才智通敏興築城垣經畫湖田
刱建書院士民賴之萬歷志職官陶爔有治績嘉慶志表史○以上尹
潤祖主邑簿佐庶務允合輿情正統志張興邑尉有才名
康熙志職官
明李景華慈惠仁恕民咸德之萬歷志職官吉惠首買民居

開廣學門鋤强扶弱振舉士類同上蘇奎抑豪强扶善類

平物價民不敢欺爲奸宄所中而去同上陳賢爲政廉明

尤親禮賢士同上張光祖多所建興有功學校嘉慶志表楊文

明立知縣題名碑乙丑修預備倉皆自爲記備稿熊汝器

下車即有能名巡按龐公薦加獎語事事切痌瘝念人

人懷怙恃恩刊補引謝讜賀膺獎序朱維藩在官多所建興嘉慶志表

楊爲楝丙申遷水部去士民立碑儀門左其辭曰温温其度確確其

守賦簡刑清民肥吏瘦士安於校農狎於畝善類揚眉

黠魁斂手召杜齊名循良稱首見顏洪範重修縣治碑

記王同謙敷政寬和謙恭下士康熙志職官文三俊以文名

世同上 鄒復宣清直耿介同上 范鑛持身耿介丰采懍然吏畏民懷同上 吳士貞威嚴振肅豪右斂跡築堤防海有德政碑同上參吳師古詩注案倪文貞有吳侯德政錄序載文徵 周銓受命治虞號曰周父其先所著論幾十萬言倪元璐撰周邑令未焚草○以上知縣 辥菾永樂元年縣南黃路溪蝗督民捕之王直守拙子墓誌銘 張準律己廉介民思不忘萬歷志職官 李璋爲政明恕不久以疾去同上 雷福盡心撫字民懷其惠同上 張煬寬惠仁恕九載以病去同上 屈必登廉介明決尤親善士同上 徐紳賦性廉直遇事敢爲當道薦之遽以疾卒同上 周時武廉靜不阿受

誣以去士庶惜之同上○以上縣丞周澄習律多剖析賦訟李侍郎顒築海堤澄承檄有勞效九載將去父老請留不許刊補引李東陽懷麓堂文集林欽廉明果斷不久卒於官萬歷志職官○以上主簿葉廷模器宇恢宏履操挺直康熙志職官何天德丰度溫和常攝邑篆無改清修同上馬明瑞與修邑志嘉慶志表王有悌善星學占驗康熙志職官張立中啟迪有方士多造就著有麟經正旨行世建德縣志周立本用子志甯言謝事值明亡偕隱半畝園見兩浙輶軒錄○以上教職

本朝職官事略

萬中一康熙間邑西南蒿壩有江水患萬集紳耆籌款築塘得安堵立祠祀之采訪陶爾燧去之日士民立德政碑於西黃浦橋側著有息廬詩一卷見四庫全書目備稿王國樑盡心於民訟即不息而聽以平獄即不辭無濫且有卹也刑不得不施而愼又從其省者盜賊或間發捡於庭治而諭勸之時時儆吏胥不得奸猾不得暴催科無有迫當事無有惑卒於歸喪京師邑人祖焉祀六賢祠據胡天游王大夫述參祠祀新增○述載文徵虞景星古心古貌士林欽重並善書法山水畫松張庚畫徵續錄許鼎於雍正四年

勘丈夏蓋湖分時和年豐民安物阜等號田備稿劉廣湄

廉潔仁慈備稿李世基公明練達兼善書法采訪徐幹重興（

小課選刻詩賦采訪○以上知縣董弈相繪景物平淡著有繡

川集有太白遺音兩浙輶軒錄諸以萊字蒯庵司諭垂三十

年貌癯神清瀟然塵壒之表兩浙校官詩錄嚴正學號灝江清

規雅裁有霽月光風氣象邑人士多以受業同上汪彭模

氣展開展有智謀蓋肆應之才辭令之選也同上○以上教職

龔鏡爲金山場大使海濱漲沙居民與竈戶爭利鏡至

曰塘內民也塘外竈也沙在塘外民何爭訟者噤口袁枚

龔君墓誌

上虞縣志校續卷五終

上虞縣志校續卷六

列傳目二人物

王充　綦毋俊　孟英子章　孟嘗

陳業　魏朗　戴就　楊威包全樊正

朱雋以上漢　魏騰　吳範　卓恕

孟淑　魏遷　嵇康以上三國　嵇紹

謝安弢混　謝石萬　謝元　謝邈

魏隱　張曳以上晉　魏溫仁　謝瞻皭

謝澹　謝密莊諼　朏謝方明惠連　謝靈運超宗幾卿

謝朓　王裕之　王秀之峻　王宏之

王思遠　杜棲以上南北朝　葉再榮　沈朝　李汾以上唐

漢

王充字仲任其先自魏郡元城徙上虞少孤鄉里稱孝至京師受業太學師事扶風班彪好博覽不守章句家貧無書常游洛陽市肆閲所賣書輒能誦憶遂通百家之言仕郡爲功曹以數諫爭不合去好論說始若詭異終有理實以爲俗儒守文多失其眞乃閉門潛思絶慶弔之禮戸牖牆壁各著刀筆著論衡八十五篇嘉泰會稽志篇作卷正統志作二十五篇疑誤

二十餘萬言釋物類同異正時俗嫌疑蔡邕至吳得之恆祕之帳中刺史董勤辟爲從事轉治中自免還家同郡謝夷吾上書薦充天才非學所加雖前世孟軻孫卿近漢楊雄劉向司馬遷不能過也肅宗特詔公車徵病不行年漸七十乃造養性書十六篇裁節嗜慾頤神自守永元中卒於家元至正間祀鄉賢後漢書本傳并注兼嘉泰會稽志正統志節錄論衡自紀篇祖父汎舉家擔載就安會稽留錢塘縣以賈販爲事生子二長曰蒙少曰誦誦即充父祖世任氣至蒙誦滋甚末復與豪家丁伯等結怨徙處上虞建武三年充生爲小兒不好狎侮儕倫好掩雀捕蟬充獨不肯誦奇之八歲受論語尚書日諷千字經明德就在縣位至掾功曹在太守爲列掾五官功曹從事入州爲從事好傑友雅徒不泛結俗材淫讀古

文甘聞異言升擢在位衆人蟻附廢退窮居舊故叛去故閑居作譏俗節義十二篇又閔人君之政徒欲治人故作政務之書又傷僞書俗文多不誠實故爲論衡之書以元和三年徙家辟詣揚州部丹陽九江廬江後入爲治中章和二年罷州家居

綦毋俊少涉儒學治左氏春秋舉孝廉拜左校令出爲交阯刺史元初三年合浦蠻反遣御史往遑督州郡兵討之俊以蒼梧當合浦下蠻或流劫猝難回顧乃先保障蒼梧後往合浦所向摧靡功當封賞上書歸功於遑自謂致寇當誅詔下美之論者稱俊拔濟一郡遜爵土之封三國志虞翻傳注引會稽典錄唐類函引會稽先賢傳參廣西通志

○嘉慶志誤列吳時乾隆府志承之今改列漢代

孟英字公房爲郡掾史王憑坐罪未應死太守下縣殺憑憑家詣闕稱寃詔書下州檢拷英出定文書悉著英名楚毒慘至辭色不變言太守病不關衆事英以冬至日入占病因竊印以封文書下縣殺憑非太守意也繫歷冬夏肉皆消爛遂不食而死太平御覽引會稽典錄子章復爲郡功曹從役殺賊兵卒北敗爲賊所射以身代將卒死不去論衡齊世篇

孟嘗字伯周其先三世爲郡吏並伏節死難三國志虞翻傳注引會稽典錄決曹掾上虞孟英三世死義嘗少修操行爲郡戶曹史上虞有寡婦至孝養姑姑壽終夫女弟誣婦鴆母嘗知枉狀言之太守

守不理嘗謝病去婦竟寃死自是郡中連旱二年後太守殷丹到官訪故嘗具陳寡婦寃誣事宜戮訟者以謝寃魂丹從之天雨後策孝廉舉茂才拜徐令州郡表其能遷合浦太守郡不產穀而海出珠與交阯比境通商販貿糴糧食先是宰守並多貪穢詭人采求不知紀極珠遂漸徙交阯郡界於是行旅不至人物無資嘗革前弊求民病利未踰歲去珠復還百姓皆反其業商貨流通稱爲神明以病自上被徵吏民攀車請之不得進乃載鄉民船夜遁去隱處窮澤身自耕傭鄰縣士民慕其德就居止者百餘家桓

帝時尚書同郡楊喬前後七表薦其賢不用年七十卒於家今縣東南有孟宅其故居也元至正間祀鄉賢後漢書循吏傳兼嘉泰會稽志正統志萬歷志

陳業字文理郡守蕭府君卒業與書佐魯雙卒禮送喪雙溺於水業揚波出其尸又兄渡海復見傾命同時五六人骨肉消爛不可辨業仰天誓曰聞親戚者必有異焉因割臂流血以灑骨上應時得住餘皆流去延熹六年任會稽太守潔身修行志懷霜雪遭漢中微歎曰世塞山通自古所志吾其隱乎乃委官棄祿遁跡黟歙朱育稱其操同柳

下高邈妙蹤天下所聞故桓文遺之尺牘之書比竟三高沛國桓儼避地會稽往候不見儼後浮海入交州臨去遺書與業不因行李繫帛樓亭而去太平御覽引會稽先賢傳三國志虞翻傳注引會稽典錄見正統志

魏朗字少英少爲縣吏兄爲鄉人所殺朗報讎縣中亡命陳國從博士郄仲信學春秋圖緯又詣太學受五經京師長者李膺之徒爭從之初辟司徒府再遷彭城令時中官子弟爲國相多行非法朗與更相章奏幸臣忿疾欲中之會九眞賊起共薦爲九眞都尉到官獎厲吏兵討破羣賊

斬首二千級桓帝美其功徵拜議郎遷尚書屢陳便宜有所補益出爲河內太守政稱三河表尚書令陳蕃薦朗公忠亮直宜在機密復徵爲尚書會被黨議免朗性矜嚴家人不見惰容著書數篇號魏子靈帝卽位竇武等欲誅宦官謀泄反爲所害朗以黨被徵乃慷慨曰丈夫與陳仲舉李元禮俱死得非乘龍上天乎於丹陽牛渚自殺元至正間祀鄉賢後漢書本傳兼正統志太平御覽引會稽典錄○三國志虞翻傳注引會稽典錄云河內太守魏少英遭世屯蹇忘家憂國列在八俊爲世英彥

戴就字景成仕郡倉曹掾揚州刺史歐陽參奏太守成公

浮贓罪遣部從事辥安按倉庫簿領收就於錢唐縣獄考掠慘至就慷慨直辭顏色不變主者窮極酷刑無復餘方乃臥就覆船下以馬通熏之一夜二日皆謂已死發船視之就方張目大罵曰何不益火而使滅絶復燒地以鍼刺指爪中使以把土爪皆墮地終無撓辭主者以狀白安安呼就謂曰太守罪穢狼籍受命考實君何故以骨肉拒扞邪就據地答言太守剖符大臣當以死報國卿雖銜命固宜申斷冤毒奈何誣枉忠良強相掠理令臣謗其君子證其父就考死之日當白於天令羣鬼殺汝如蒙生全當手

歿相裂安奇其壯節即解械表其言辭解釋郡事徵浮還京師太守劉寵舉就孝廉光祿奉朌上就爲主事病卒後漢書獨行傳祀鄉賢萬歷兼正統志志

楊威少失父事母至孝嘗與母入山采薪爲虎所逼自計不能禦急抱母且號且行虎見其狀遂弭耳而去水經注兼萬歷志今縣東北有孝子楊威母墓嘉慶志包全善養以孝聞其所居處曰孝聞嶺嘉慶志據樊正萬歷府志萬歷府志正作江與山陰祁庚咸代父死罪三國志虞翻傳注引會稽典錄案依正統志列東漢

朱雋通鑑作儁字公偉少孤母嘗販繒爲業雋以孝養致名爲

縣門下書佐好義輕財鄉閭敬之時同郡周規辟公府當行假郡庫錢百萬以爲冠幘費後倉卒督責規貧無以備儁竊母繒帛爲規解對母恚責之儁曰小損當大益也縣長山陽度尚見而奇之薦於太守韋毅稍歷郡職後太守尹端以儁爲主簿熹平二年端坐討賊許昭失利罪應棄市儁羸服到京師賂主章吏刊定州奏端得輸作左校而不知其由後太守徐珪舉儁孝廉除蘭陵令政有異能爲東海相所表會交阯部羣賊起牧守不能禁梁龍等萬餘人攻破郡縣光和元年拜儁交阯刺史令過本郡簡募家兵

及所調合五千人分兩道入先遣使觀虛實旣而與七鄉兵俱進逼之遂斬梁龍降者數萬旬月盡定以功封都亭侯賜千五百戶徵爲諫議大夫及黃巾起公卿多薦儁有才略拜右中郎將持節與皇甫嵩討潁川汝南陳國諸賊悉破平之進封西鄉侯遷鎭賊中郎將時南陽黃巾趙宏據宛城儁與荆州刺史徐璆等合兵圍擊斬之賊帥韓忠復據宛拒儁儁鳴鼓攻其西南自將精卒掩其東北乘城而入忠退保小城乞降司馬張超及徐璆秦頡皆欲聽之儁曰昔秦項之際民無定主故賞附以勸來耳今海內一

統惟黃巾造寇納降無以勸善討之可以懲惡因急攻不克登土山望之顧謂張超曰賊今外圍周固內營逼急乞降不受欲出不得所以死戰不如徹圍勢必自出自出則意散易破之道也巳而解圍忠果出戰因擊大破之斬首萬餘級忠等遂降秦頡積忿忠遂殺之餘衆復以孫夏爲帥還屯宛儁急攻之夏走追至西鄂精山又破之賊遂解散明年拜儁右車騎將軍振旅還京師以爲光祿大夫增邑五千更封錢唐侯加位特進以母喪去官起爲將作大匠轉少府太僕黑山賊張燕寇河內逼近京師出儁爲河

內太守將家兵擊却之復拜光祿大夫累遷河南尹時董卓擅政以雋宿將外親納而心忌之關東兵起卓議徙都長安雋輒止之卓雖惡雋異己然貪其名重表遷太僕以爲己副雋辭不肯受因曰國家西遷必孤天下之望以成山東之釁臣不見其可也使者詰曰召君受拜而君拒之不問徙事而君陳之何也雋曰副相國非臣所堪遷都計非事所急辭所不堪言其所急臣之宜也由是止不爲副卓後入關留雋守洛陽雋與山東諸將通謀爲內應旣而懼爲卓所襲棄官奔荆州卓以楊懿爲河南尹雋復進兵

還洛懿走儁乃東屯中牟移書州郡請師討卓卓聞之使李傕郭汜等數萬人屯河南拒儁及卓被誅傕汜作亂徐州刺史陶謙以儁名臣數有戰功可委以大事乃與諸豪傑共推儁爲太師移檄牧伯同討傕等傕用周忠賈詡策徵儁入朝軍吏欲應陶謙等儁曰以君召臣義不俟駕況天子詔乎遂辭謙而就傕徵復爲太僕初平四年代周忠爲太尉錄尚書事明年秋以日食免復行驃騎將軍持節鎮關東未發會傕殺樊稠而汜又自疑與傕相攻長安中亂儁留拜大司農獻帝詔儁與太尉楊彪等譬汜令與傕

和氾不肯遂留質雋等雋素剛即日發病卒墓在蕭山縣東元至正間祀鄉賢子晧亦有才行官至豫章太守後漢書本傳資治通鑑兼正統志

三國吳

魏騰萬歷志騰作滕字周林漢尚書朗之孫性剛直行不苟合雖遭困偪終不迴撓爲孫策功曹以迕意見譴將殺之策母吳夫人倚大井謂策曰汝新造江南當優賢禮士舍過錄功魏功曹在公盡規汝今日殺之則明日人皆叛汝吾不忍見禍之及當先投此井策大驚遽釋騰後復以事迕孫

權幾被殺賴同邑吳範救之得免歷歷山鄱陽山陰三縣令終鄱陽太守三國志吳妃嬪傳引會稽典錄兼萬歷志參吳範傳注

吳範字文則以治[歷]數知風氣聞於郡中舉有道詣京師世亂不行會孫權起於東南範推數言狀多效遂以顯名權欲討黃祖範曰不如明年明年戊子荊州劉表亦身死國亡權遂征祖不能克明年果禽祖表竟死又白言歲在甲午劉備當得益州後權與魏爲好範曰以風氣言之彼以貌來宜爲之備劉備盛兵西陵範曰終當和親皆如其言權以範爲騎都尉領太史令數從訪問欲知其訣範祕

惜不以語權由是恨之初權爲將軍時範嘗言江南有王氣應在亥子之間權曰若終如言以君爲侯及爲吳王論功以範爲都亭侯詔臨當出權恚其愛道於己也削其名範爲人剛直頗好自稱然與親故交接有始終同邑魏騰忤權權責怒甚嚴敢有諫者死範謂騰曰與汝偕死騰曰死而無益何用死爲範曰安能慮此坐觀汝乃髡頭自縛詣門下使鈴下以聞權怒欲投以戟逡巡走出範因突入叩頭流血言與涕並良久權意釋乃免騰騰見範謝曰父母能生長我不能免我於死丈夫相知如汝足矣何用多

爲範黃武五年卒權追思之募有能舉知術數如範者封千戶侯卒無所得三國志本傳○案範雖善術數然救魏騰一事義行可風故不入方伎列此

卓恕字公行爲人篤信義言不宿諾與人期約雖暴風疾雨必至嘗從建業還會稽太傅諸葛恪問何當復來恕對以某日至期恪與主人停飲食以須太平御覽引作恪欲爲主人停不飲食時賓客會者皆以爲會稽建業相去千餘里道阻江湖風波難必豈得如期須臾恕至一座皆驚正統志引會稽典錄參兩浙名賢錄

孟淑父質巾郎□□□十七嘗出適聘禮旣至爲盜所刧淑祖父操□對戰不敵見害淑思慕哀慟憔悴毀形以致

盜由己乃喟然歎曰微淑之身禍誠不生以身害祖苟活何顏於是自縊而死正統志引會稽典錄

魏遷博學善文章初末有名爲宜都太守虞忠所稱與吳郡陸機終皆遠致爲著聞之士後文籍荒落陳繹著金壘子以惜之裔孫仲彝好古發微與宋學士景濂友善嘉慶志兼三國志虞翻傳注引會稽典錄○案正統隱逸志載蜀漢魏賢虞忠稱於無名之中終有遠志疑卽此魏遷

三國魏

嵇康字叔夜其先奚姓上虞人以避怨徙銍有嵇山家於其側遂氏焉一曰自會稽遷譙之銍縣取稽字之上山以爲姓蓋以志其本也康早孤有

奇才超邁不羣與魏宗室婚拜中散大夫好老莊彈琴詠詩自足於懷與阮籍山濤向秀劉伶籍兄子咸王戎爲竹林之遊世謂之竹林七賢著養生篇撰錄聖賢隱逸遁心遺名者集爲傳贊自上古以來至管甯凡百一十有九人嘗采藥至汲郡山中見孫登登曰君性烈而才儁其能免乎司馬昭嘗欲辟康康避之河東及山濤爲選曹郎舉康自代康答書告絶因自說不堪流俗而非薄湯武昭聞而怒鍾會爲昭所昵聞康名而造焉康箕踞而鍛不爲禮會憾之言於昭曰嵇康卧龍也公無憂天下顧以康爲慮耳

因譖康欲助毋丘儉遂害之康將刑東市太學生三千人請以爲師弗許康顧視日影索琴彈之曰昔袁孝尼嘗從吾學廣陵散吾每靳之今絶矣時年四十海内莫不痛惜所撰諸文論六七萬言皆爲世所玩詠子紹自有傳晉書本傳

三國志王粲傳注○案粲傳注引嵇康譜康父昭督軍糧治書御史兄喜晉揚州刺史宗正嘉慶志引張元忭云康本魏臣不仕晉其意深矣又晉書忠烈傳亦稱嵇紹魏中散大夫康之子則康傳雖見晉書應列魏時人物李府志

祀鄉賢

晉

嵇紹字延祖魏中散大夫康之子十歲而孤事母孝謹以

父得罪幽居杜門山濤薦於武帝詔徵爲祕書丞紹始入洛或謂王戎曰昨於稠人中始見嵇紹昂昂然如野鶴之在雞羣戎曰君復未見其父耳累遷汝陰太守裴頠深器之每曰使延祖爲吏部尚書可使天下無遺才矣沛國戴晞少有才智時人許以遠致紹以爲必不成器晞後以無行被斥州黨稱紹有知人之明母憂起拜徐州刺史元康初爲給事黃門侍郎賈謐以外戚之寵求交於紹紹拒不答及謐誅以不阿比凶族封弋陽子累遷侍中惠帝復祚上疏言願陛下毋忘金墉大司馬毋忘潁上大將軍毋忘

黄橋則禍亂之萌無由兆矣齊王冏既輔政大興第舍驕奢滋甚紹以書諫不用嘗詣冏遇讌會左右進琴紹推不受曰公匡復社稷當軌物作則垂之於後紹雖虛鄙忝備常伯腰紱冠冕豈可操執絲竹爲伶人事冏大慚頃之以公事免朝廷有北征之役徵紹復爵位馳詣行在所値王師敗績於蕩陰百官侍衛莫不散潰惟紹儼然端冕以身捍衛遂被害於帝側血濺御衣天子哀歎之及事定左右欲浣衣帝曰嵇侍中血勿去初紹之行也侍中秦準謂今向難卿有佳馬否紹正色曰大駕親征以正伐逆理必有

征無戰若使皇輿失守臣節有在駿馬何爲聞者歎息冊贈侍中光祿大夫加金章紫綬進爵爲侯賜墓田一頃客十戶又贈太尉元帝即位賜謚忠穆門人故吏行服墓次畢三年者三十餘人長子昣有父風早夭以從孫翰襲封翰孫曠大元中襲爵爲弋陽侯晉書本傳兼康熙志○李府志祀鄉賢

謝安字安石陽夏人正統志云謝[奔]之弟父裒太常卿安年四歲桓彝見而歎曰此兒風神秀徹後當不減王東海弱冠詣王濛清言良久王導亦深契之由是少有重名因遊會稽覽始[寧]東山之勝遂構居家焉初辟司徒府除佐著作郎竝

以疾辭與王羲之許詢支遁遊出則漁弋山水入則吟詠屬文無當世意簡文帝卜相曰安既與人同樂必與人同憂時安弟萬爲征西中郎將總藩任之重安雖處衡門名出萬右年四十餘矣桓温請爲司馬甚見禮敬尋除吳興太守在官無當時譽去後爲人所思頃之徵拜侍中遷吏部尚書中護軍帝疾篤温上疏薦安宜受顧命及温入赴山陵止新亭大陳兵衞將移晉室呼安及王坦之欲於坐害之坦之悶計於安安神色不變曰晉祚存亡在此一舉既見温坦之流汗沾衣倒執手版安從容就席曰安聞諸

侯有道守在四鄰明公何須壁後置人邪温意亦解笑語移日温卒遷僕射加後將軍詔安總關中書事當是時温弟沖代領温衆安與款洽内外無間安爲政務舉大綱不存小察撫將吏如子弟人人得其歡心是以秦人負其强盛屢陷邊郡而諸將咸奮既蹶復振士氣自倍孝武帝始親萬幾進侍中都督諸軍事安遣弟石及兄子元等應機征討所在克捷拜衞將軍開府儀同三司封建昌縣公太元八年苻堅率衆百萬次淮肥京師震恐加安征討大都督元入問計安答曰已别有旨既而寂然遂命駕出遊與

元圍棋賭別墅安常棋劣於元是日元懼便爲敵手而又不勝至夜乃還指授將帥各得其任元等既破堅有驛書至安方對客圍棋看書竟了無喜色客問之徐曰小兒輩遂已破賊既還內過戶限心喜甚不覺屐齒之折以總統功進拜太保安方欲混一文軌上疏求自北征乃進都督十五州軍事加黃鉞疏讓不許沖卒朝議欲用元安懼功名太盛力持不可以桓石民爲荆州石虔爲豫州伊爲江州彼此無怨各得所任其經遠無競類如此常疑劉牢之不可獨任王味之不宜專城牢之以亂終而味之亦以貪

敗識者服其知人時徐兗青豫司梁六州境土以次克復而會稽王道子日夜毀短安安出鎮新城以避之帝祖於西池獻觴賦詩焉安雖受朝寄然東山之志始末不渝每形於言色及鎮新城盡室而行造汎海之裝欲須經略粗定自江道還東已而遇疾上疏遜位尋薨年六十六帝臨於朝堂厚賜殮具贈太傅謚文靖又以平苻堅勳更封廬陵郡公其居新城築埭城北後人追思名爲召伯埭元至正間祀鄉賢子二瑤琰（晉書本傳參周濟晉略及萬歷志）

琰字瑗度弱冠以貞幹稱苻堅之役安以琰有軍國才用出爲輔國將軍

以精卒八千與從兄元俱陷陣破堅以勳封望蔡公王恭舉兵假節都督前鋒軍事恭平遷衛將軍徐州刺史孫恩作亂加督吳興義興二郡軍事斬義興賊帥許允之進討吳興賊邱尪破之又詔琰與劉牢之俱討恩恩逃海島朝廷憂之以琰爲會稽內史都督五郡軍事恩復寇浹口入餘姚破上虞進及邢浦去山陰北三十五里琰遣參軍劉宣之距破恩既而上黨太守張虔碩戰敗羣賊鋭進咸以宜持重嚴備不聽賊至尚未食琰曰滅此乃食耳跨馬便出廣武將軍桓寶爲前鋒摧鋒陷陣殺賊甚多而塘路迮

狹琰軍魚貫而前賊於艦中旁射之前後斷絕琰至千秋亭敗績帳下都督張猛於後斫琰馬墮地與二子肇峻俱被害寶亦死之後劉裕左里之捷生擒猛送琰小子混混刳肝生食之詔以琰父子隕於君親忠孝萃於一門贈琰侍中司空謚曰忠肅子肇歷驃騎參軍峻以琰勳封建昌侯及没於賊贈肇散騎常侍峻散騎侍郎晉書兼正統志康熙志混字叔源少有名譽善屬文初孝武帝爲晉陵公主求壻謂王珣曰主壻但如劉眞長王子敬便足珣對曰謝混雖不及眞長不減子敬未幾袁崧嘉慶志作松誤萬歷志王充傳注引作袁山松欲以

女妻之珣曰卿莫近禁臠混竟尙主襲父爵桓元欲以安宅爲營混曰召伯惠及甘棠文靖之德不能保五畝宅乎元慙而止歷中書令中領軍尙書左僕射以與劉毅相結爲劉裕所害据晉書安傳○晉書云以黨劉毅誅案毅忠於晉爲裕所忌混與毅相結無愧世臣晉書書法沿舊史之誤今特改正

謝石字石奴安之弟初拜祕書郎累遷尙書僕射征句難以勳封興平縣伯淮肥之役詔石爲大都督與兄子元琰破苻堅遷中軍將軍尙書令進封南康郡公上疏請興復國學州郡普脩鄉校卒贈司空謚曰襄謝萬亦安之弟字

萬石早有時譽簡文帝作相召爲從事中郎萬著白綸巾鶴氅而前共話移日後爲豫州刺史領淮南太守晉書兼正統志

謝元康熙志避作鉉字幼度少穎悟有經國才略爲叔父安所器重安曰子弟何預人事而正欲使其佳元答曰譬如芝蘭玉樹欲使生於庭階耳隨安遊始寧東山家焉時苻堅强盛數犯邊境詔求良將安以元應舉郗超素不快謝氏聞而嘆曰安違衆舉親明也元必不負舉才也吾嘗與元共在桓公府見其使才雖履屐閒亦得其任所以知之於是徵拜建武將軍監江北諸軍事元多募勁勇號爲北府兵

秦人既陷襄陽又遣彭超攻戴逯於彭城超輜重在留城[元]揚聲襲之超還救遂拔逯歸秦又使句難毛當助超圍田洛於三阿攻毛璪之於盱眙朝廷大震沿江置戍[元]度秦師已老可擊乃遣何謙救洛自擊難破秦師白馬斬其將顏因謙亦解三阿圍會破秦軍淮陰超難引退[元]率何謙戴逯田洛追擊君川大破之遂復盱眙超難僅以身免詔遣殿中將軍勞[元]進號冠軍加領徐州刺史封東興縣侯鎮廣陵由是北府兵將名聞天下太元八年堅大舉入寇次項城衆號百萬陷壽陽詔以[元]爲前鋒都督與叔父

石從弟琰西中郎將桓伊等距之衆八萬人元先遣劉牢之率北府兵五千直指洛澗斬梁成秦兵大敗收其軍實乘勝逼壽陽軍其東北依八公山堅與苻融登城望晉軍陳整而氣鋭又見八公山上草木疑皆晉軍憮然有懼色乃出軍阻肥水而陳元使告融曰君遠涉吾境而臨水爲陳是不欲戰也盍稍卻令將士得周旋僕與諸君緩轡觀之不亦善乎堅衆皆曰宜阻肥水令不得度我衆彼寡勢必萬全堅曰但卻軍令得半渡我以鐵騎向水蹙之可立盡也融亦以爲然麾軍卻衆因亂不可止元與琰伊等以

精銳八千涉肥水決戰堅中流矢臨陣斬融堅衆奔潰自相蹈藉投水死者不可勝計肥水爲之不流追至青岡堅卒餘衆棄甲西遁聞風聲鶴唳皆以爲晉軍已至也詔進號前將軍假節固讓不受堅既喪敗元卒衆次於彭城患水道淺澀糧運艱難用督護聞人奭謀堰呂梁水樹柵立七埭爲派擁二岸之流以利漕運自此公私利便又進伐青州故謂之青州派青州平進伐冀州遂軍黎陽三魏皆降加元徐兗青冀豫幽并七州都督封康樂縣公會翟遼張願叛元引咎求解職詔移鎮東陽以疾辭詔遣高手醫

令自消息病久不差固求還東表十餘上乃轉授散騎常侍左將軍會稽內史輿疾之郡卒年四十六葬始寧贈車騎將軍開府儀同三司謚曰獻武晉書兼晉略嘉泰會稽志正統志康熙志○案正統志云元居嶀山東北太康湖西是據原籍言李府志祀鄉賢

謝邈字茂度父鐵永嘉太守邈性剛鯁無所屈撓累遷侍中時孝武帝酺樂之後多賜侍臣文詔詞義有不雅者邈輒焚毀之其他侍臣被詔者或宣揚之論者以此多邈後爲吳興太守孫恩之亂爲賊所執逼令北面邈厲聲曰我不得罪天子何北面之有遂被害萬歷志

魏隱字安時少有學行總角詣謝奉奉與語大說之曰大宗雖衰魏氏已復有人歷義興太守御史中丞弟遐爲黄門郎世說新語 正統志

張叟字彥承太平御覽引作張諛字彥成與同鄉丁孝正相親丁葬送過制叟書難之曰吾聞班固善楊孫之省葬惡始皇之飾容夫倮以矯世君子弗爲若乃據周公之定品依延州而成事取中庸以建基獲善稱於當世不亦優哉正統志引會稽典錄

南北朝

魏温仁齊廢帝誅尚書令新進司空徐孝嗣衆人懼無敢

至者惟温仁奔赴以私財營喪事當時稱之（南史帝紀兼徐孝嗣傳）○（案萬歷志列趙宋誤）

謝瞻（一名檐）字宣遠衛將軍晦第三兄也年六歲爲紫英石讚果然詩當時才士歎異初爲桓偉安西參軍楚臺祕書郎瞻幼孤叔母劉撫養有恩紀兄弟事之同於至親劉弟柳爲吳郡將姊俱行瞻解職隨從尋爲高祖鎮軍轉主簿安成相中書侍郎宋國中書黃門侍郎相國從事中郎弟晦時爲宋臺右衛權遇已重於彭城還都迎家賓客輻輳瞻驚駭謂晦曰汝名位未多而人歸趨乃爾吾家素謙退

不願干預時事交遊不過親朋而汝遂勢傾朝野此豈門戸之福邪乃籬隔門庭曰吾不忍見此後高祖以爲吳興郡又自陳請乃爲豫章太守永初二年在郡遇疾還都遺誨書勉勵爲國爲家遂卒年三十五瞻善文章與族叔混弟靈運相抗宋書兼嘉慶志弟皭字宣鏡年數歲生母郭氏久嬰痼疾晨昏和藥不闕爲母病畏驚一家尊卑感皭至性咸納屨而行屏氣而語如是者十餘年初爲州主簿遷祕書丞自以兄居權貴固辭不就宋書兼嘉慶志

謝澹字景恆太傅安之孫任達仗氣不營當世與順陽范

泰爲雲霞之交歷位尚書澹嘗侍帝宴酣飲大言無所屈鄭鮮之欲擭之帝以爲澹方外士不宜規矩繩之景平中累遷光祿大夫元嘉中位侍中特進金紫光祿大夫卒南史據備稿增

謝密字宏微年十歲嗣從叔峻名犯所繼內諱故以字行晉義熙初襲爵建昌侯家素貧而所繼豐泰惟受書數千卷國吏數人而已遺財祿秩一不關預叔父混與族子靈運晦瞻以文義賞會共處烏衣巷謂之烏衣之遊宏微每以約言服之混特所進貴號曰微子義熙八年混以結劉

毅見害妻晉陵公主改適琅琊王練公主執意不行詔與謝氏離絕公主以家事委宏微經紀生業出入皆有文簿宋武受命公主降封東鄉君以節義可嘉聽還謝氏自混亡至是九年而門徒不異平日田疇墾闢有加於舊東鄉君歎曰僕射平生重此子可謂知人僕射爲不亡矣宏微性嚴正舉止必循禮度由是尊卑大小敬之若神居喪以孝稱在官每有獻替必手書焚草人莫之知位中庶子加侍中固讓不拜卒年四十二贈太常南史○正統志列晉子莊字希逸七歲能屬文及長韶令美容儀武帝見而異之謂殷景

仁劉湛曰藍田生玉豈虛語也哉南平王鑠獻赤鸚鵡詔羣臣爲賦太子左衛率袁淑文冠當時作賦畢示莊及見莊賦嘆曰江東無我卿當獨步我若無卿亦一時之傑遂隱其賦孝建五年官侍中領前將軍孝武出行夜還敕開門莊居守以棨信或虛須墨詔乃開帝後因宴從容曰卿欲效郅君章邪對曰臣聞蒐巡有度郊祀有節盤於游畋著之前誡今陛下蒙犯塵露晨往宵還容致不逞之徒妄生矯詐臣是以伏須神筆耳至金紫光祿大夫卒年四十六謚曰憲子宋書本傳莊子朏字敬沖十歲能屬文瑯琊王景

文謂莊曰卿子足稱神童宋末領祕書監齊受禪不屈節梁初爲尚書令梁書本傳朏子諼仕齊爲東陽内史及還五官送錢一萬止留一百曰數多劉寵更以爲愧次子諟不妄交接位右光祿大夫南史兼嘉慶志

謝方明祖鐵永嘉太守父沖中書郎家在會稽病歸爲孫恩所殺方明隨伯父吳興太守邈在郡邈被恩害方明逃免以邈舅子馮嗣之等與恩通謀因結邈門生討而手刃之頊之孫恩重陷會稽謝琰見害急購方明方明於上虞載母妹奔東陽出鄱陽還都寄居國子學屯苦備經而貞

立之操在約無改爲宋武中軍主簿知無不爲轉從事中郎武帝令府中衆事皆諮決之尋加晉陵太守驃騎長史遷侍中永初三年出爲丹陽尹有能名轉會稽太守江東民戶殷盛罪及比伍動相連坐方明闊略苛細務存綱領東土稱詠之卒於官子惠連年十歲能屬文族兄靈運嘉賞之云每有篇章對惠連輒得佳語嘗於永嘉西堂思詩竟日不就忽夢見惠連卽得池塘生春草之句大以爲工常云此有神功非吾語也本州辟主簿不就元嘉七年爲司徒彭城王義康法曹行參軍義康修城得古冢爲改葬

使惠連爲祭文文成甚美又爲雪賦以高麗見奇文章並行於世年三十七卒弟惠宣任臨川太守南史兼正統志

謝靈運安西將軍弈之曾孫元之孫也少好學博覽羣書文章之美與顏延之爲江左第一從叔混加愛之襲封康樂公性豪侈車服鮮麗世咸稱謝康樂累遷祕書丞坐事免宋受禪降爵爲侯爲太子左衞率少帝卽位出爲永嘉太守郡有名山水遂肆意遊遨動踰旬朔每引疾還始寧修營舊業有終焉之志每一詩至都下貴賤傳寫又作山居賦並自注以言其事文帝徵爲祕書監不赴命光祿大

夫范泰敦趣乃出使整祕閣書遺闕撰晉書粗立條流尋遷侍中靈運詩書皆獨絕每自寫之文帝稱爲二寶惟以文藝見接意常怏怏多稱疾不朝乃賜假東歸將行上書勸伐河北復爲御史中丞傅隆奏免時元嘉五年也靈運旣東與族弟惠連東海何長瑜潁川荀雍太山羊璿之以文章賞會共爲山澤之遊時人謂之四友因祖父之資鑿山浚湖功役無已嘗自始甯南山伐木開徑直至臨海從者數百臨海太守王琇驚爲山賊在會稽亦多從衆驚動縣邑始甯有休崲湖萬歷志作坯皇靈運求以爲田太守孟顗不

與戚隙表其異志靈運詣闕自陳文帝不罪更以爲臨川
內史在郡游放不異永嘉爲有司所糾靈運興兵逃逸追
禽送廷尉論刑上愛其才降死一等徙廣州或告其買兵
器結健兒於三江口詔於廣州棄市時元嘉十年年四十
九所著文章傳於世子鳳元嘉中爲奉化令有惠政坐靈
運徙嶺南早卒鳳子超宗隨父嶺南元嘉末得還與慧休
道人來往好學有名譽新安王母殷淑儀卒超宗作誄奏
之帝嘆賞謂謝莊曰超宗殊有鳳毛靈運復出矣宋末爲
義興太守齊受禪爲黄門郎超宗爲人恃才使酒多所陵

忽有司奏以怨望免禁錮十年司徒褚淵因送湘州刺史王僧虔閣道壞墜水僕射王儉驚跣下車超宗拊掌笑曰落水三公墜車僕射淵出水霑溼超宗抗聲曰天所不容地所不受投畀河伯河伯不受淵大怒曰寒士不遜超宗曰不能賣袁劉焉免寒士世祖即位除竟陵王征北諮議參軍超宗娶張敬兒女爲子婦帝甚疑之使人誣奏其罪徙越嶲死子才卿幾卿超宗門生王永先又告才卿死罪以不實見原幾卿清辨時號神童超宗徙越嶲詔家人不得相隨幾卿年八歲慟別於新亭遂投江父命佑客入水

救之良久得漏出居父憂哀毀過禮年十二召補國子生文慧太子自臨策試謂王儉可以經義訪之儉承旨發問辯釋無滯文慧稱賞焉及長仕齊爲太尉晉安王主簿梁轉左光祿長史卒正統志引作後爲侍御史文集行世南史兼正統志康熙志嘉慶志

謝朓字元暉緯子也文章清麗長五言詩沈約稱以二百年來無此詩敬皇后祔山陵朓撰哀策文世莫有及好獎人才會稽孔顗未爲時知孔珪嘗令草讓表以示朓朓折簡寫之謂珪曰士子聲名未立應共獎成無惜齒牙餘論官至尚書郎南史兼正統志○案謝氏多才舊志擅美雖東山一出子姓多留都下而上虞鄉賢應存

其舊萬[歷]志已均列鄉賢江西通志建昌府名宦亦稱謝靈運上虞人

王裕之字敬[宏]以字行父茂之晉陵太守裕之性樂山水起家衞軍參軍累遷吏部尚書年八十八卒於餘杭之舍亭山謚文貞舍亭山林澗環周備登臨之美時人謂之王東山子恢之被召爲祕書郎裕之求爲奉朝請與恢之書曰彼祕書有限故有競朝請無限故無競吾欲使汝處不競之地文帝嘉之並見許（南史兼嘉慶志）

王秀之字伯奮仕宋爲晉平太守期年求還或問其故答曰此郡沃壤珍阜日至人所昧者財財生則禍逐智者不

昧財亦不逐禍吾山資已足豈可久留以妨賢路乃上表請代時人以爲王晉平恐富求歸仕齊累遷尚書不與王儉款接祖父裕之性貞正徐羡之傅亮當朝不與來往及致仕與秀之父瓚之書勗以靜退瓚之爲五兵尚書未嘗詣一朝貴三世不事權貴時人稱之後爲吳興太守卒謚曰簡子子峻字茂遠性詳雅無趨競心仕梁武帝悅其風采與謝覽同見賞擢官至侍中謚惠子南史兼嘉慶志

王［宏］之字方平少孤爲外祖徵士何準所撫育從叔獻之及太原王恭並重之初仕晉爲司徒主簿後棄去性好山

水求爲烏傷令義熙中何無忌及宋武帝辟召不就從兄裕之奏爲太子庶子文帝卽位徵爲通直散騎常侍又皆不就家在會稽上虞裕之常辭貂裘與之卽著以采藥上虞江有勝地名三石頭宏之常垂綸於此過者不識日夕載魚入上虞郭經親故門各以一兩頭置門内而去始寧沃川有佳山水每依巖築室居焉謝靈運顏延之竝相欽重靈運與廬陵王義眞牋曰會境旣豐山水是以江左嘉遁竝多居之若王宏之拂衣歸耕孔淳之隱約窮岫眞可謂千載盛美元嘉四年卒顏延之欲爲作誄恨短筆不足

書美竟不就子曇生好文義以謙和見稱南史兼萬歷志
王思遠生八歲父平西長史羅雲卒祖宏之及外祖新安
太守羊敬元並高尚故思遠少無仕心宋建平王景素辟
南徐州主簿深見禮遇景素被誅左右離散思遠親視殯
葬上表理之事感朝廷景素女廢爲庶人思遠分衣食資
贍年長爲備笄總訪求素對傾家送遣齊建元初文惠太
子與竟陵王子良素好士並賞接除建安内史拜御史中
丞長兄思元卒思遠友于甚至表乞自解及祥日又固陳
乃許之後拜御史中丞建武中遷吏部郎以從兄晏爲尚

書令不欲並居權要上表固讓改授司徒左長史與顧㬎之善㬎之卒後家貧思遠迎其妻子經恤甚至立身簡潔諸客有詣已者覘知衣服垢穢方便不前卒年四十九贈太常謚貞子南史兼萬歷志○案宋書南齊書載宏之思遠傳均稱琅琊臨沂人據原籍言

杜棲南史作栖字孟山善清言彈琴父京產請劉瓛至山舍講書棲躬自屣履爲瓛生徒下食刺史齊豫章王嶷聞其名辟議曹從事仍轉西曹書佐國子祭酒何胤掌禮以棲爲學士以父老歸養棲體肥白及父病旬日間便骨立父亡水漿不入口者七日既殯晨夕不罷哭輒嘔血絕而復蘇

時何胤謝朏並隱東山遺書誡以毀滅至祥禫夢見父一慟而絶年三十六南史兼萬歷志

唐

葉再榮開成間居虞南寶泉鄉性端直好施元和始載鄉人苦歲旱無備再榮度銅山之北谷嶺之陽有泉可爲湖率里人深掘一丈周四百餘步溉田三頃曰銅山湖嗣是南畝無憂訓子業農嘗以無妄費爲誡卒葬孝敬里據槖簡撰墓誌銘張岳銅山湖記增

沈朝字憲忠其先霅溪人祖父避居虞遂家焉朝大隱不

仕浪迹逸民習古敦素嘗開通世財以益其業卒於寶曆元年年六十三葬寶泉鄉進士胡不干誌其墓据新出土沈府君墓誌銘纂

李汾上虞人嘗入四明山讀書正統志引太平御覽○案舊志於李唐人物僅列李汾仍無時代可稽附此以存一代遺獻又杜光庭錄異記上虞縣過江二十餘里南寶寺路側有鄭注母墓初元和中寺有女家人與村民石生通有一兒十餘歲爲鄭姓僧將去敎以方書伎術因姓鄭氏交謁王公遂榮達太和中坐事誅卽鄭注也据此注實虞人然新舊唐書均作翼城人且注與李訓以謀誅宦者不克死事雖正大史稱詭譎陰狡究非正士故不采入

上虞縣志校續卷六終

上虞縣志校續卷七

列傳目三人物

周元吉　張寶　張達　劉承詔

李光孟博知退　孟堅知微　孟珍衢　孟傳衎　竺簡

趙子潚　宋延祖章燮　豐治誼存芳　友俊

趙善傳善信　錢興祖　龔生　貝欽世襲慶

黃哲萬　杜褒　潘時友端友恭　郭圭

孫邦仁師魯　袁評　杜思恭　楊次山谷鎮瓚

楊石　劉漢弼　劉漢傳漢儀　趙必烝良坡良坦

良埈　友直　倪森　竺均　陳策

友沂

黃楠和中得中　葛季昂以上宋　張存義　姚天祥

張彥　張起巖　顧圭諒　王通　俞文珪

王發　徐有傳昭文　徐繼文王式　魏壽延孔思則以上元

宋

周元吉字元之，建隆時人，嘗構亭於縣治南之山巔，望突不煙者，亟餽以粟。歿，卽葬於山南鄉，人義之，因名長者山。其後孫發復修祖德，捨基爲寺，徙居東溪。萬曆志兼周氏譜

張寶號欽，其擁貲鉅萬，好施與，遇貧乏之，輒貸之，不責償。田

租僅收其半值大饑悉發家中米令鄉里每晨人給半升又煮粥以食餓者不繼復往台州糴米數百斛振之全活甚衆凡橋梁道路傾圮者捐修無算嘉慶志

張達字廷厚幼工文詞及長勇於爲善虞西近江地窪下數苦潮患達捐貲募工築塘於曹娥江口兩山間以捍之塘近沙湖因名沙湖塘潮不爲厲湖故有塘卑且狹達復高築瀦水以濟運河又洪山畈田高運河丈許水不能蔭達割己田百餘畝爲湖曰洪山湖人咸稱便没而鄉人思其德立泗君廟并洪山廟祀之嘉慶志

劉承詔唐襄公德威之後德威五世孫愉避黃巢亂自河南徙居虞至承詔十世同居者四百餘人內外無間言下及犬豨一犬不至衆犬不食號孝義劉家熙寧中趙抃帥越嘉其行聞於朝詔旌門閭免徭役以寵異之抃爲作義門記正統志

李光字泰發家五夫市童稚不戲弄父高稱曰吾兒雲間鶴其興吾門乎親喪哀毀如成人服除游太學登崇寧五年進士第調開化令有政聲知常熟縣朱勔以花石應奉勢燄熏灼光不爲屈械繫其奴勔怒監司爲移光知吳江

以避之嘉慶志引作朱勔父沖倚勢暴橫光械治其家僮沖怒風部使者移令吳江　改京東西學士司管句文字宣和二年召爲太常博士五年遷司封員外郎時因星變首論士大夫諛佞成風又言怨嗟之氣結爲妖沴王黼惡之黜知陽朔縣劉安世遺書偉之會李綱亦以論水災去國居義興光與定交而別明年召爲司勳員外郎遷符寶郎金人入汴徽宗有東幸意光慨然謂爲今之計惟傳位東宮則虜氣自沮欽宗即位擢左司諫首論宦官譚稹梁方平喪師辱國梁師成結交蔡京王黼表裏蒙蔽罪皆當誅又奏東南財用盡於朱勔西北財用

困於李彥天下根本之財竭於蔡京王黼名爲應奉實入私室乞依舊制三省樞密院通知兵民財計與戶部量一歲之出入以制國用選吏考核使利源歸一金人圍太原援兵無功光言三鎭不當議割乞詔大臣別議攻守之策仍間道遣使檄兩河東北盡起强壯策應首尾掩擊遷侍御史抗斥時論主王安石之學者蔡攸扈衛上皇還欲因緣入都光奏攸若果入百姓必致生變太上皇后欲入居禁中光奏禁中者天子之宮正使陛下欲便溫凊亦當躬禀上皇下有司討論典禮乃始移居寧德宮金人逼京城

朝臣委職去者五十二人罪同罰異士論紛然光請付大理公行之太原圍急乞就委折彦質盡起晉絳磁隰潞威勝汾八州民兵及本路諸縣弓手俾守令各自部轄其土豪士人願爲首領者假以初官應付器甲協力赴援又請擇清强官置司追攝朱勔田園第宅及曲意阿奉之胡直孺盧宗元等並根勘没入其貲其强奪編戶產業者還之李會李擢復以諫官召光奏蔡京復用時會擢迭爲臺官禁不發一語金人圍城與白時中李邦彦專主避敵割地之謀乞寢成命不報替出寅艮間耿南仲輩皆謂應在外

夷不足憂光言春秋書災異以戒人君不聞歸之夷狄疏奏謫監汀州酒稅高宗即位擢祕書少監除知江州未幾擢侍御史皆以道梗不赴建炎三年除知宣州光以宣密邇行都繕城聚糧籍六邑之兵保伍相比謂之義社擇健武萬餘統以土豪號精練軍柵險要戍之苗租歲輸邑者悉命輸郡初讙言不便迄賴以濟（嘉泰會稽志作南陵有水軍叛光遣兵夜擊之賊潰）事聞授管內安撫許便宜從事進直龍圖閣十一月金人奪馬家渡南牧郡縣皆不支光獨力修守備金人不敢入境統制王瓊王珉不相能至是擁潰兵索鬬光親諭以

先國家而後私讐皆感悟解去進右文殿修撰潰將邵青自眞州擁數百艘剽當塗蕪湖間光招諭之遺米二千斛青喜秋毫無犯四年五月巨寇戚方圍宣州光招潰卒於郊野厚待之戚與其副並馬巡城光射書遺副言汝爲將家子何至附賊二人相疑攻稍緩凡被圍二十八日而巨師古劉晏援兵至晏戰死師古以中軍大破賊賊遁去光嘗置匕首枕匣中與家人約曰城不可必保若使人取匕首我必死汝輩宜自爲計無落賊手光誓以死守故將士用命尋除徽猷閣待制知臨安府紹興元年移知洪州固

辭除知婺州甫至郡擢吏部侍郎上疏極論朋黨之害議論之臣各懷顧避莫肯以持危扶顛爲己任駐蹕會稽首尾三載惴惴焉日爲浮海計根本之地莫如建康其險可守者有六江寍鎮鋼砂夾采石大信蕪湖繁昌皆與淮南對境宜豫屯兵積粟命將士各管地分調發旁近鄉兵協力守禦乞詔大臣參酌施行帝欲移蹕臨安被旨節制臨安府見屯諸軍兼戶部侍郎督營繕事光經營撙節不擾而辦奏蠲減二浙積負及九邑科配以示施德自近之意時戚方已歸節制拜庭下光握手勉以忠義勿因前事懷

疑方謝且泣尋兼侍讀因奏金人內寇百姓失業陷賊本非獲已尚可誠感自李成北走羣盜離心儻因斯時顯用一二酋豪以風厲其黨必更相效慕以次就降擢吏部尚書大將韓世清本苗傅餘黨久駐宣城擅據倉庫不受朝命光請先事除之授淮西招撫使親受密指遂假道擒世清以歸除端明殿學士江東安撫大使知建康府壽春滁濠廬和無爲宣撫使太平州卒陸德叛光多設方略盡擒其黨秦檜既罷呂頤浩朱勝非並相光議論素與不合言者指爲檜黨落職奉祠復寶文閣待制知湖州移守平江

召爲禮部尚書光言兩浙自冬及春雨雪不已百姓失業乞選臺諫察實以聞福建湖南諸路荒旱流匄滿路宜選良吏招撫會江浙欲推行交子法光言有錢則交子可行今已樁辦見錢若干則自今所行闕子已是通快何至紛更此不過議者欲欺陛下使陛下異時不免欺百姓也降除端明殿學士守台州改温州劉光世張俊連以捷聞光言金人遠來利於速戰宜戒諸將持重以老之不踰時食盡則勝算在我矣徙洪州七年除江南西路安撫大使八年兼制置大使十月除吏部尚書參知政事時和議既定

檜以光有人望欲藉之同押榜以息浮議同郡楊煒上書光責以附時相取尊官隳平時大節光初謂可因和爲自治計故署榜不辭及檜議徹淮南守備奪諸將兵權光始極言和不可恃備不可徹復折檜於帝前檜大怒光求去帝曰卿昨面斥秦檜舉措如古人朕方寄卿以心腹何乃引去光章九上乃罷知紹興改提舉臨安府洞霄宫十一年冬檜風中丞万俟禼論其陰懷怨望責授建寧軍節度副使安置藤州藤州守臣以光詩有諷刺獻於檜越四年再貶瓊州居瓊八年嘗作私史其仲子孟堅爲所親陸升

之言之升之許其事檜命曹泳究實又移光昌化軍遇赦永不檢舉檜死量移郴州二十八年以南郊赦恩復左朝奉大夫明年行至蘄州卒年八十二史作還至江州卒年八十三孝宗即位追復資政殿學士謚莊簡宣城人立祠祀之湻熙初賜額曰褒烈初光過宋都從劉安世講學得其精微故於死生禍福之際無所屈撓在里閭趙鼎南遷頗戚戚謂鄉人曰若光得謫命即日青鞵布韈行矣卒蹈其言及再涉瘴海處之怡然在瓊寓居雙泉蘇軾所嘗游也自號轉物居士日講周易一卦因著易傳十卷文集四十卷神仙傳

十卷（萬曆志作兵略十卷）嘗語其子曰居家盡一孝字居官盡一廉字立朝事君盡一忠字一生受用不盡又曰凡後生所至處且須從賢士大夫游李氏家學如此元至正間祀鄉賢（宋史本傳兼嘉泰會稽志寶慶續志正統志萬曆志）子孟博孟堅孟珍孟傳孟博字文約紹興五年進士第三人及第從光謫居嶺南召試館職不就竟卒於瓊州自登科未嘗一日出仕聰敏强記精於楚辭享年不永人甚惜之孟堅字文通少果敏力學光謫嶺南會有告其家有私史坐罪除名寘峽州檜死爲常州晉陵丞葉衡（正統志作行）力薦於朝知無錫縣甫及歲以治

績聞孝宗召赴行在問及家世又褒其治效即除知秀州遷提舉淮東常平茶鹽事乾道五年卒年五十五助田歸學養士祀鄉賢孟珍（康熙志誤作瓓）字文潛善行草當時得其簡牘皆珍藏之擢守江陰及沿海制置司參議皆不赴淯熙十一年卒年五十六（寶慶續志兼正統志）孟傳字文授光讁嶺南時纔六歲奉母居鄉刻志於學賀允中徐度皆奇之斡辦江東提刑司易浙江常平司母喪免調江山縣丞棄去改楚州司戶參軍公退讀易郡守部使者不敢待以屬吏修復陳公塘有灌溉之利知象山縣秩滿主管官告院與同列

上封事請詣北宫又移書宰相遷將作監主簿丞相趙汝
愚初當國歲大祲遣按視江池鄂三大軍所屯積粟道除
大府丞復命面對以使事往返四千里所過民生困窮保
邦之慮宜勤聖念時韓侂胄逮逐留正趙汝愚將及朱熹
孟傳奮然曰如此則士大夫爭之鼎鑊且不避兼考功郎
復因對言國家長育人才猶天地之於植物待其既成而
後足供大廈之用今皆有苟進之心不有以扶持正飭之
其敝將甚侂胄嘗致意孟傳謝曰行年六十去計已決不
敢聞也由是出知江州獄訟止息復知處州遷廣西提點

刑獄改江東提舉常平移福建詔入對首論用人宜先氣節後才能益招徠忠讜以扶正論故人有在政府者折簡問勞孟傳逆知其意對畢即出關至閩大饑發倉廩勸分民無流莩侂胄誅遷提點刑獄移江東又辭丞相史彌遠其親故也人謂進用其時矣卒角巾歸第屢召不赴主管明道宮進直寶謨閣致仕嘗誡子孫曰安身莫若無競修己莫若自保守道則福至求祿則辱來性嗜書至老不厭藏書數萬卷悉置左右每得異書手自校勘多識前輩出處中朝舊事嘉定十二年卒年八十四有磐溪詩文稿宏

詞類稿左氏說讀史襍志記善記異各若干卷宋史本傳參寶慶續志正統志孫知新知孝知退知退登進士第紹定元年知浦江縣專以教化爲治民立祠祀之官至刑部侍郎卒配祀鄉賢正統志兼金華府志曾孫復衢並登進士世濟其美衢官運使判府助田歸學養士祀鄉賢正統志　李知微字中甫紹興三年知寧海縣治行異等以善詩名搬社壇鑿新泉功施後世焉據備稿引台州府志名宦傳增○案孫燭湖挽詩云赫赫中興佐英風想大門世家今萬石一代合推尊光孫有知新知孝知退則知微當爲莊簡孫行特附於此又云發軔期行志鳴琴最得民與台府志傳亦相符但光子孟博登紹興五年進士而知微知寧海在紹興三年時孟博尚未第疑紹興或是紹定之譌　李衎寶慶時

人精研羣籍善辨論宋景文祁嘗著筆記一編以釋俗考古襍説析爲三門術指其瑕疵者七條如以骨朵爲胍肫而云朵爲菜之譌以鮑照作昭爲誤而云唐避武后之諱以牛耕爲始漢過而云冉耕字伯牛古犂字亦從牛以移爲開而反合而云爲郁李以臣瓚爲于瓚而云水經注稱薛瓚以朴無樸音而云祁所預修之集韻實有蒲候匹角二切以卯本柳字而云實古卿字論者稱爲博雅○嘉慶志兼四庫全書提要○案莊簡曾孫名復衢當與術昆季行今附諸李傳後

竺簡字文甫十歲能文十五歲登大觀三年進士廷試第三人徽宗奇其才尚南陽公主政和二年劉太后擅政有流星之變簡上疏諫帝嘉其忠晉太子少保出鎮浙東宣

和二年使遼有功封淮陰伯裔孫甡字如初諸生以能文稱嘉慶志國戚傳○嵊縣志寓賢傳云簡後隨駕南渡卜居上虞高宗累詔徵之不起遂隱於剡以山水自娛卒葬焉

趙子潚字清卿秦康惠王後孝靖公令奧子太祖六世孫也早孤力學登宣和六年進士調眞州刑曹掾與守爭獄事改衢州推官佐胡唐老繕完城具苗劉兵至堅拒之城賴以全知餘姚道由上虞愛佳山水遂居焉尋判筠州廣德軍調宣州遷吏部戶部郎中總領江淮軍馬錢糧諸司饋禮悉歸公帑除兩淮轉運副使時姑蘇大饑計口四十

餘萬日給米千二百餘石全活甚衆朝廷遣人檢沙田蘆
場欲增租額子潚力止之太湖水患詔子潚往視遂浚常
熟東柵至雉浦入湮谷又疏鑿福山塘至尙市橋北注大
江分殺其勢水患用息知臨安府禁權家僦人子女爲僕
妾者詔權戶部侍郎復知臨安調三衙卒修築都城不擾
而辦金主亮渝盟子潚獻助軍錢十五萬緡特遣一秩帝
幸建康充行宮留守參謀金人議和子潚謂事情叵測宜
待以軍禮孝宗嗣位首引漢宣帝核名實唐太宗行仁政
爲說孝宗志圖恢復子潚練兵爲鵞鸛魚麗等陳帝觀於

便殿嘉之擢敷文閣直學士沿海制置使知明州海寇賂
通胥吏匿其蹤蹟賊遂大熾商舶不通子潚延土豪率羣
胥分道入海告之曰用命有厚賞不則殺無貸胥衆震恐
爭指賊處悉捦獲海道遂平知福州歲饑告糴旁郡米價
頓平民賴以濟進龍圖閣學士移知泉州吏妻悍殺其妾
磔而貯之以缶事久不直廉得其情獄始決其發擿概類
此乾道二年卒年六十六贈少師葬瑞象山胡邦衡銘墓
著有奏議數百篇藏於家元至正間祀鄉賢子伯溥仕至
朝議大夫孫師古登進士仕至司封郎官宋史宗室傳兼正統萬歷各志

宋延祖字嗣宗其先濟南人建炎南渡家上虞登紹興乙丑案舊志作十四年誤進士爲於潛尉廣德軍教授除太學博士嘗言招軍利害又欲重湖廣帥權孝宗嘉納之除太常寺丞再除起居郎權給事中繳駁奏議無顧避改諫議大夫兼侍讀遷兵部尚書以忠直受知不三年而登八座自謂遭時遇主知無不言尋卒於官元至正間祀鄉賢正統志兼萬歷志

章爕爲提刑判府有功於學亦配享先賢祠見正統志

豐治其先四明人清敏公稷之孫清敏葬會稽治遂爲虞人建炎三年高宗駐蹕維揚金人入境時治監轉般倉備稿

引清敏遺事附錄作治監揚州倉死之紹興十一年詔褒其忠錄子誼爲將仕郎嘉泰會稽志萬歷志兼清敏遺事附錄誼字叔賈父死節誼方四歲金人棄道傍能語人以姓名母購得之七歲能屬文以父蔭監潭州南嶽廟通判盱眙軍知建康軍歷知常台饒蘄衢等州皆有惠政紹熙元年除戶部郎中旬外授提點福建刑獄十二月浦城盜張海作亂詔誼捕之明年除湖南轉運判官會臺臣有引年之議誼抗章請祠詔從之後以搜召故老除吏部郎中卒贈通奉大夫康熙志作通議誼立朝以直節著歷官所至政事文章爲時取正元至正間祀鄉賢

子友俊友儀据宋史光宗本紀正統志萬歷志鄞縣志友俊字宅之登紹熙元年進士第仕至吏部郎中朝請大夫直顯謨閣累贈太中大夫正統志附豐誼傳初任宣州參議通判隆興府歲大疫挾醫巡問閭巷察病授藥全活者衆創建東湖書院復設南昌新建二邑社倉知建昌軍捐錢三百萬創藥局兩區見袁燮撰書院記洪都府社倉記建昌軍藥局記擢淮南安撫使嘉定六年知眞州時旱甚計口賑卹之創防城庫爲城守計復浚河築土城立小學於學宮民爲立祠復知揚州金人南侵力戰却之改守鎮江卒於官貧甚朝廷給賻歸葬見鄞縣志揚州府志○行營雜錄云友俊

少時見靑樓小妓疑故人女酒罷詰之果然因白京尹王佐且云某僅有錢百千從公更貸二百千嫁之尹嘉其誼郎取入府厚匳具擇良士嫁焉見備稿義行傳友儀仕修職郎絜齋集友均作有嚴州司戶參軍友俊子雲昭仕廣西經略雲昭孫稌稌子昌傳皆篤學濳德克紹家風正統志存芳字公茂稷[元]孫爲太平州倅舊志州作縣德祐元年舊作景定元兵至知州孟之縉謀以城降舊作孟知縉均據宋史改存芳諫不聽詈之之縉遂引元兵屠其家同死者十八人其卒方義竊八歲孤禮長於民間傳至曾孫[滈]甫明洪武中以賢良薦仕至監察御史兩浙名賢錄兼宋史見嘉慶志

趙善傳舊作孟傳字商彌楚王元佐六世孫建炎初年十六侍

父不抑案趙氏譜不抑爲文州防禦使授武顯郎子五善修善僅善傳善儀善信舊志稱武顯非之官池陽道遇寇執不抑索金幣善傳以身蔽父謂賊曰殺我勿傷吾父賊揮善傳數刃通志府志作砍武顯衣裂而體不傷賊曰此孝子釋之避難家上虞嘗謂人子不可不知醫習古方書盡得其要人以疾告必盡誠救療後薦任明州婺州刺史卒於家贈武翼郎謚貞孝弟善信字思忠清苦自立亦以孝稱官至監行在車輅院正統志兼萬歷府志○案趙友直趙氏家集云與父不抑扈蹕南渡寓虞等慈寺後則由流寓而家焉正統志列僑寓今仍各前志

錢輿祖字國材吳越忠懿王之後自父節家上虞輿祖少

類成人長從三山陳九達探理學事親孝母疾二年不愈醫藥且覆膚體不惜及終孺子泣者五年既葬有白鳥千百集墓木二大鶴巡墓旁百日而後去人謂至孝所感卒年六十七葬永豐鄉鳳山正統志兼任士林撰墓誌銘○案任爲元時虞學掾錢孝子卒至元己卯實帝昺祥興二年通志列爲元人以是時虞地已入元也然孝子事實猶在宋時今改列宋

龔生失其名伉健有智略建炎初金兵渡浙江次上虞所至焚掠民皆竄山谷閒生獨攘臂諭里人李氏伍氏郭氏曰虜將屠吾邑吾屬雖力不敵有死而已遂募果悍者數百人迎縣令丞依險自固分署隊伍整兵環向以待之金

兵至生出其不意驅衆先登嶺嶠投石擊之且率衆薄金軍軍驚卻斬其將殺傷甚衆生亦戰死事平各得獎異生首功竟無表之者正統志參兩浙名賢錄

貝欽世字聖美登紹興二十四年進士爲西安尉調武康丞居官廉介太守王十朋表薦之改知江陰縣縣有運河綿亘數十里溉田甚廣久湮廢欽世諭鄉民浚治民爭捐金助費不踰月開積土二十九萬四千餘丈不費公家錙銖郡聞於朝詔授建康府簽判秩滿卒於家元至正閒祀鄉賢子襲慶湻熙五年進士廣德軍教授正統志○萬歷志云欽世卒贈

節度使龔慶敕爲建德軍節度使曰卿老成練達德宇淵靜又屬舊治吏士服習臥護諸將無以踰卿葢父子爲宋世名卿云案此爲正統志所未詳

黃哲字不愚父發高宗時爲武經大夫隸統制楊沂中軍迎擊虜將阿里蒲盧渾於明州高橋馬蹶被殺哲拾遺骸葬於蘭芎山麓廬墓三年文禽日集虎爲之守戶如犬豕然哲之孫萬字大有富而好施嘗輸西城外地爲便民倉并輸等慈寺後殿基及蔡墓鋪基地據杭世駿撰黃應乾傳兼黃氏譜

杜褒字伯稱世居虞以篤行著紹興末帥府湯岐公史魏公交薦於朝再命以官嘗尉崇安力變不舉子之俗治獄

無一夫之寃遇大利害密禆其長罷行之陰德不可勝計

周必大潛光堂記

潘畤字德鄜（一作德卿）家世金華父良佐苦學篤行畤早孤與兄甸養於叔父待制良貴家良貴與李莊簡公光爲道義交故莊簡以女妻畤因家上虞之五夫（杭州府志以畤爲上虞人）自幼夐異爲袁州分宜主簿監兩浙運司造船場知興化軍歷浙西江東湖北提舉湖南提刑知廣州潭州太平州廣東經略湖南安撫除左司郎官直顯謨閣初光爲秦檜排擠投棄嶺海親家陸升之告訐興獄子壻沈陳擺縱脱身時

獨相其家事始終如一其治郡先教化務施舍及爲監司帥臣養威持重務存大體平决寃獄安集軍民風采振揚大小畏服篆隸楷法皆精妙湻熙己酉以疾終年六十五朱子爲志其墓元至正間祀鄉賢子二友端友恭乾隆府志引張淏會稽續志兼正統志金華府志

友端字端叔登湻熙甲辰進士爲太學博士從張南軒游南軒稱其務實近本嘗勉以玩味論語細讀伊川易傳自步步踏實地又與朱子講學甚善其說所交皆理學名宿樓攻媿孫燭湖多與往還著有四書辨義經義與朱子問答子升孫爲朱子幼壻孫伯度官錢塘

令友恭字恭叔爲江淮宣撫使幹官從朱子游深造理趣朱子嘗以敬之一字萬事根本涵養省察格物致知皆從此出與書敦勉又言禮記與儀禮相參通修作一書乃可觀令友恭暇日成之與孫應時善孫稱其篤志近思著四書經義與朱子問答子履孫爲江陵倅亦從朱子游孫伯廣伯廣子昌簽判常州皆克世其家案二潘附見正統志今據南軒朱子燭湖諸文集寶慶續志五夫里志增補又樓攻媿集有送潭丞上虞詩云邑有李與豐況復居二潘尚友更從游問學加研鑽則潘氏鄉望實埒李豐宋元學案以友端友恭爲金華人乃本祖籍言

郭圭字君錫虞丞契敷長子也契敷字彥寬襄邑人由松

陽縉雲丞調丞上虞秩滿因家焉知浦江嵊縣陞常贛二州江西提舉常平南雄州兵馬司賜緋魚袋居官廉介涖政有爲以疾奉祠終於家年五十六葬十四都雙棋之原一作勝因寺山圭任歸安龍游二縣尉通判揚州知南雄府事歷十一銓持身廉謹政清訟理仁聲四聞引年致仕卒年八十葬皁李湖潘嶼之原七世孫常熟令南立碣舊有覺庵廢久重建改題永思少保黃淮撰記立石正統志○案正統志仕宦僑寓兩見契敷傳其後既家上虞應移列此

孫邦仁字育伯觀文殿學士其先餘姚人祖昶遷虞之西

溪湖濱邦仁與姪應時宣教郎主管建昌軍俱留心理學
嘗構亭於左右山巔曰富春亭淳熙中舊作治平中今依備稿據楊彝泳澤書院碑記更正朱子遊始寍過訪相與契洽遂寓其家注書考證
講學亭上文公所著大學中庸章句或問有參訂之功焉
至明時其系有師曾者嗜學好古綽有祖風與盧同范仲
遠盧英以文詩相切劘吏部郎中葉砥爲作富春亭記以
彰不朽萬曆志據林希元西溪湖賦
袁評字嘉言以薦授承議郎始寍鄉都察司官値歲歉遵
朱熹社倉法行之人賴以全活紹興簽判王十朋薦陞國

子書庫大使光宗久不朝重華宮評與少監孫逢吉等百餘人請帝問疾不許時內侍離間兩宮評獨守正不阿遂謝事歸朝議以韓蘇首畀金人且復秦檜爵謚評曰兩人開金人隙誠有罪何至函首軍前爲國家羞賊檜爵謚始以公議革今乃復之媚虜可乎感憤成疾卒萬歷志○案湻熙辛丑頒朱子社倉法於四方見朱子文集十朋簽判紹興府卽擢第之歲當在前二十四年紹興丁丑應先簽判薦陞而後行朱子社倉法前志沿誤未便肊易袁氏譜不載二者譜言山陰陸原銘墓其辭亦無考所詳生年在紹興癸亥卒於嘉定朝今列紹興薦辟表

杜思恭字敬叔祁國正獻公從曾孫弱冠登湻熙十四年

進士第登高郵尉未赴父喪服闋爲潮州法曹掾以內艱去轉從事郎遷吉州司理平反冤獄發粟振饑民受其惠傾身下士以口舌毀譽人者不與爲禮官滿解去民遮留者數千人終昭州平樂令燭湖集作韶州案今韶州無平樂縣時周必大楊萬里並以國士期之萬里表薦於朝曰學貫六經文師兩漢可備顧問陸游亦服其學有根柢未罄所蘊而卒人爭惜之据燭湖集劉基撰傳

楊次山字仲甫恭聖仁烈后兄也其先開封人曾祖全以材武奮靖康末捍京城死事祖漸以遺澤補官仕東南家

於虞㳄山儀狀魁偉少好學能文補右學生后受職宫中積階至武德郎累遷帶御器械知閤門事后受册除福州觀察使尋拜岳陽軍節度使后謁家廟加太尉韓侂胄誅加開府儀同三司尋進少保封永陽郡王南郊恩加少傅充萬壽觀使致仕加太保授安德軍昭慶軍節度使改封會稽郡王㳄山能避權勢不預國事時論賢之嘉定十二年卒年八十一贈太師追封冀王宋史本傳兼康熙志謚惠節新定續志子二谷石谷字聲之仕至太傅保寧軍節度使充萬壽觀使封永寧郡王后妃傳作新安郡王謚敏肅本傳兼康熙志新定續志石自有傳

曾孫鎮節度使蕃孫之子景定二年選尚理宗女周漢公主擢右領軍衛將軍駙馬都尉明年拜慶遠軍承宣使進節度使德祐二年元兵逼臨安進至臯亭山謝太后詔鎮及楊亮節俞如珪爲提舉奉廣王益王走婺州以圖恢復二月元丞相伯顏遣范文虎趣婺召鎮以王還鎮曰我將就死於彼以緩追兵亮節等遂負王走温州三月恭帝北去鎮與謝堂等皆行鎮平居喜觀圖史書學張即之工墨竹凡題詩卷軸常用駙馬都尉印記宋史瀛國公本紀公主傳兼康熙志備稿引圖繪寶鑑○趙甸撰楊四將軍傳云子槐字梓仲宋寧宗后叔也封和陽郡王奉命帥兵守禦駐屯曹江元兵入

越子𢬵與甥趙遂艮力戰不利共死曹江案子𢬵當
是敎山之父行然傳稱會稽人未敢臆斷附錄於此
楊石字介之乾道間入武學慶元中補承信郎尋帶御器
械嘉泰四年充賀正旦接伴使時金使驕倨自矜善射石
從容挽弦三發三中的金使氣沮嘉定改元除揚州觀察
使久之進保寧節度使封信安郡侯十五年以檢校少保
進封開國公寧宗崩宰相史彌遠謀廢皇子竑而立成國
公昀命石與谷白后后不可曰皇子先帝所立豈敢擅變
谷石凡一夜七往反以告后終不聽谷等拜泣曰內外軍
民皆已歸心苟不從禍變必生則楊氏且無噍類矣后默

然艮久曰其人安在彌遠等召昀入遂廢竑立昀是爲理
宗授開府儀同三司充萬壽觀使時寶慶垂簾人多言本
朝世有母后之聖石獨曰事豈容槩言昔仁宗英宗哲宗
嗣位或尙在幼沖或素繇撫育軍國重事有所未諳則母
后臨朝宜也今主上熟知民事天下悅服不早復政得無
啓小人離間之嫌乎乃密疏章獻慈聖宣仁所以臨朝之
由遠及漢唐母后臨朝稱制得失上之后覽奏即命擇日
撤簾進石少保封永寧郡王進太傅石每拜爵命必力辭
恭聖祔廟除太師兄谷疑於辭受石力言曰吾家非有元

勳碩德徒以恭聖故致貴顯曩吾父不居是官今吾兄弟偃然受之是將自速顛覆耳矧恭聖抑遠族屬意慮深遠言猶在耳何可遽忘乃合疏懇辭至再三不受及屬疾除彰德集慶節度使進封魏郡王卒年七十一贈太師本傳兼康熙志諡忠憲新定續志子瓚字繼翁本鄱陽洪氏石子麟孫早夭遂視爲嗣時數歲往謝史衛王史戲命對云小官人當上小學即對云大丞相已立大功史驚爲遠器瓚廉介自將一時貴戚敬憚氣習爲之一變洞曉律呂嘗自製琴曲二百操又嘗云琴一絃可以盡曲中諸調當廣樂合奏一字

之誤瓚必顧之國工樂師無不歎服有紫霞洞譜傳世時作墨竹自號守齋仕至司農卿浙東帥度宗朝以女選進淑妃贈少師据備橐引圖繪寶鑑兼周密浩然齋雅談

劉漢弼字正甫其先金華人十世祖仕吳爲殿中丞左遷象山令道由上虞因家焉漢弼生二歲而孤程公許撰墓志銘作生四歲父昌齡卒母謝氏力貧撫而教之登嘉定十年進士本傳作九年舊志作七年今據寧宗本紀更正正統志作嘉定中以書學冠鄉貢甲科第七人授吉州教授召試館職改秘書省正字漢弼學明義利之辨應詔言事極論致菑弭菑之道爲校書郎轉對舉蘇軾所言結人心厚風

俗存紀綱又論制閫當復其舊戎帥當各還其所邊郡守當用武臣又論決和戰以定國論合淮江以壹帥權公賞罰以勵人心廣規模以用人才爲著作佐郎言兵財楮幣權不可分又言取士之法詞學不當去宏博宇混補不如待補之便由著作郎爲考功員外所陳皆切時務介特不妄造請理宗欲勉戚里以學詔皇后宅置講官漢弼首選慨然曰三館清流出入貴戚之門豈惟辱身是辱官也力辭不就爲崇正殿說書默寓規諫爲理宗簡注擢監察御史諭以卿純實不欺故此親擢漢弼以臺綱久弛疏定規

樵正體統遠謀慮三事首論給事中錢相巧於迎合直學士院吳愈不稱其職罷去之又劾中書舍人濮斗南左正言葉賁賁爲時相史嵩之腹心有使賁互按者明日賁有他命而漢弼出知温州嵩之久擅國柄帝患苦之曰劉漢弼正色不撓是可屬任者淳祐四年以太常少卿召之臺諫劉晉之王瓚胡清獻龔基先揣上意將有易置請寢新命帝怒夜逐四人擢漢弼左司諫兼侍講復除侍御史首贊分別邪正以息衆疑奏疏立聖心正君道謹事機伸士氣收人才五事帝嘉其言時詔嵩之起復漢弼密奏自古

未有一日無宰相之朝今虛位已三月願聽嵩之終喪亟選賢臣早定相位帝乃命范鍾杜範並相百官相慶漢弼之力爲多又言金淵鄭起潛陳一薦謝達韓祥項容孫王德明林光謙等皆疇昔託身私門盤據要路公論所切齒者馬光祖奪情總賦淮東乃嵩之預爲引例之地乞令追服終喪遂詔罷淵政餘各貶官有差漢弼以受知特異而姦邪未盡屏汰論議未能堅定爲慮以戶部侍郎致仕未幾感末疾卒乾隆府志引宋史云漢弼之歿也太學生蔡德潤等百七十有三人伏闕上書以爲暴卒而程公許著墓銘亦與徐元杰並言其旨微矣贈中奉大夫謚曰忠勅紹興府給

喪事賜官田五百畝緡錢五千贍其家表所居坊曰忠諫崇祀鄉賢子怡以蔭爲婺州太守著有忠公奏議亦以直諫聞宋史本傳續資治通鑑兼正統萬歷各志參程公許撰墓志銘

劉漢傳字習甫漢弼從祖弟舊作漢弼之介弟年十一而孤總角遊鄉校有能賦聲弱冠貢於鄉以祿勿逮親絕意仕進沈潛伊洛之旨往吳門見雲源何先生得建安二蔡易洪範之學先生授以奧旨且勉之仕年四十六登寶祐丙辰進士主黃梅簿三仕至監都進奏院陛對條列廣聖學闢異端伸直氣恤民隱四事遷司農丞守南康知吉州皆有善

政兼江西提舉時大江失險金兵逼郡境人心震摇漢傳
嚴設警備簡精鋭遮要害民賴以安制書嘉奬除直寶謨
閣被黄萬戶遽奏免之輿論怫鬱給事中王應麟黄鏞連
疏力薦詔仍舊職知處州陞直文華閣兩浙運使除吏部
郎官典尚書右銓進司農卿皆力辭累階中大夫致仕閒
居十一載篤學守道嘗著止善集通鑑會評洪範奥旨若
干卷臨終索筆書始終大槩遺二子自號全歸居士有生
爲宋臣死爲宋鬼樂哉斯邱兆足行矣之句遂瞑年七十
六王應麟撰墓銘元至正間祀於先賢堂正統志兼王兄應麟撰行狀

漢儀字山甫舊志兄作弟今據劉氏譜更正正統志云華文之孫用特奏恩教授明州調鄞縣丞初亦授業何先生得建安蔡氏之學能深究體用以所自得者著止善編正統志兄弟並祀鄉賢萬歷志

趙必烝字進伯楚王元佐九世孫据萬歷志趙艮坦傳沈靜好學常從劉漢弼游淹貫百家尤加意春秋一經肆力不倦咸淳乙丑與子艮坡孫友直同登進士鄉人驚異從弟與關亦同榜必烝出守嘉禾處以清慎歸讀書南山之谷號南谷老人初聞漢弼以諫嶋死必烝深爲悲痛作詩弔之往説趙與懽上言杜範劉漢弼徐元杰皆暴死人皆疑史嵩之

致毒請卹其家子三艮坡艮坦艮埈（據沈奎補稿引家傳）艮坡字深甫與父同登進士（補稿引趙氏譜坡字吉甫任永昌尹）守禦廣州爲元兵生獲不屈元將義之放歸隱西溪雪水稱雪水先生踰年元將思其賢復索得之欲薦於朝艮坡終不屈怒目詈罵元將令左右刃之艮坡大呼我得死所矣伸頸受死（萬曆志）艮坦字平甫寶祐癸丑進士（康熙志誤寶祐二年）知永嘉瑞安福清並以廉介名會吉廣二王走閩中以艮坦爲軍器監簿贊軍事於是募兵守禦元兵南指被擒脅降不屈拘獄中二年作書付其家曰試令三載無愧於心守節二年不屈於敵

只因忠義二字累及老稚一門帥詰其狀曰生爲宋臣死爲宋鬼速求一死遂欣然就戮祀鄉賢正統志扈埈字祥甫登寶祐丙辰進士授儒林郎任瑞州軍事判官疏劾賈似道專權誤國不報歸作自責第以見志蓋自責其登第而無以匡君也宋亡題壁云三北誰人知管仲五湖何處覓陶朱遂遠遁不知所終兄弟並祀三忠祠據沈氏補稿扈坡子友直與祖父同榜進士授桐川簿令祥興元年父死節冒刃歸葬西溪牛眠山手植三樟廬墓終隱自號牛山子戒子孫世勿仕元所居有視淸亭並爲賦以見志集英殿修

撰張景泰榜其門曰忠孝名門後至正間有舉艮坡鄉賢者友直子季忠季恕不從曰吾祖生旣恥食元粟歿豈享元祀蓋有祖父遺風焉萬歷志兼補稿引趙氏譜艮坦子友沂字詠道舊作泝道性至孝當父被囚時年十二日從省視出入白刃間無所怖及遇害哀痛幾絕遂扶柩從海道歸遇颶風舟幾覆呼天大慟曰我父以忠義死將不得歸葬乎風乃息抵家葬南穴之玉霧山白衣冠而會者千餘人服闋後自奮於學從游日衆厭城市卜居阜李湖之濱年八十七案舊作阜李湖玉霧山疑誤縣尹林希元銘墓補稿引趙氏譜○正統志附友沂亦賢行士後南

城習古坊以友沂舊居改名節孝葢思其父子忠孝云趙氏譜

倪森字彥林其先有名該者同兄安車節度使倆從高宗南渡倅越州未幾金人犯越扈蹕航海還居虞之賀溪數傳至森當理宗朝見時事日非挫廉逃名甘老泉石寬仁好施海內賢豪樂從之遊四明名士張卽之以書法擅當代寶祐間過訪爲書大學經文於所居門廡萬歷志

竺均字平之桊竺氏譜謂簡之後少嗜書尤精兵略恭宗時樞使張世傑薦均偕兄端應奇材聘詣闕忤廷臣航海議遂還杜

門徧閱方書製藥博施遠近呼爲竺九相公會元將伯顏平浙特以文武全材薦再徵不屈使命三至乃託爲射獵披髮縱酒騎健騾往來天台四明間人莫之識時仙居有巨蟒伏巖穴觸人畜輒死均挾彈中其腦蟒狂踴以斃噴毒四散均遂殂於騾上騾歸僵立㕑寶泉寺左瘞騾於側里人肖像祀之行省左丞聞於朝詔封靖林侯諭祭嘉慶志

陳策字次賈潛心典籍詞翰俱美晚以工駢儷受知於馬裕齋姚橘州萬歷志作受知於馬申薦授中訓郎主管制司機宜文字有堂曰不礙雲山剡源戴表元爲記二子長曰自字君

强婺州學正次特立號小墅俱有文名

黄楠居東門性孝弟刻志問學善誘後進不喜聲利惟優游林壑號東園居士子和中字仲容餘姚學正得中字平甫沿海制置司幹辦官俱有文名事邑名士馬申之周伯玉其學尤粹萬歷志作從名士馬申學世稱秋畦梅間二先生人爲之謠曰姚邑稱何晏虞江説馬周和中子介得中子木潤亦有文名正統志隱逸傳○案和中得中正統志列元今與父合傳

葛季昴字云英少能詩長游名山大川詩益工端平時徵博學宏詞應詔就試賦稱第一授著作郎寶祐丙辰與父

曦同登進士越十餘年曦判紹興元將張宏範統兵驟至督師命曦往討卒於陣季昴扶柩歸虞時元運將昌季昴愀然曰吾不能事二主遂退居湖山瑞象寺與趙必成講易著述以終據葛氏譜纂○案嘉慶志表誤作季昂省府志皆未詳萬歷選舉志亦祇載寶祐四年登文天祥榜四人曦與李昴皆存疑辨見表考

元

張存義字仲瑞父文輔仕宋龍圖閣直學士存義隨父從軍塞外元世祖愛其魁梧及歸里娶尹氏至元庚辰有司以賢才薦授中書召見降以哈哈國公主存義辭以尹氏

新亡不允遂偁焉泰定初陜甘叛命存義討平之天歷元年爲遼東安撫使明年卒於官尹氏生二子長德玉應賢材聘授泰州同知次德潤蔭陜西甘州衛指揮使公主生三子皆隨順帝北去見嘉慶志據備稿引宋濂撰傳增纂○案元史公主表云非勳臣世族及封國之君莫得尚主存義爲宋遺民或疑其尚主事但張氏譜載駙馬事可據雖潛溪曾修元史其撰傳在洪武已未去修史時已後十年當未及載入公主表耳

姚天祥字應甫任江淮提舉涖職廉勤未幾乞歸優游林壑尚義好施嘗創存義精舍以教鄉族子弟築望烟樓晨起望無烟火處亟振以穀置惠民藥局與病者良藥不受

其直歲大祲出貲賠八縣鹽糧麥稅郡守高其義樹碑府堂後以示褒美萬歷志○案舊志均列宋義行傳今據姚氏譜天祥仕元江淮提舉攺入元朝

張彥字漢賢美丰姿胸有四乳善飲能詩未嘗屬草恒偃臥林下人以曠達目之家世以貲雄於鄉至彥不治生產聚書充棟當至正間四方騷擾賦役繁興彥曰奈何爲田賦累也遽割膏腴畀願受者時方國珍聚衆海島浙江右丞帖木兒南臺御史左答納失利領命招諭彥詣行臺上書曰今天下大亂如人病入腑臟四肢俱敗所喜者脈與病對誠得名醫投以良劑漸可起否則死不旋踵矣二人

得書連稱賽銀賽銀者華人所謂絕妙也卒不見用嘉慶志

張起巖字夢臣嘉慶志作秉獻其先章邱人起巖智慧絕人日讀書十卷尤究心宋儒理學登延祐乙卯進士先是至元乙酉三月乙亥太史奏文昌星明明日皇孫降生是夜起巖亦生後皇孫即位是爲仁宗始詔設科廷試第一論者謂非偶然除同知登州事轉國子博士進翰林待制詔修宋遼金三史充總裁官積階至榮祿大夫年六十五乞歸卒謚文穆性孝友撫弟如石教之宦學無不備至凡獲俸賜必與故人共之元史本傳兼嘉慶志參備稿○案乾隆通志元選舉無張起巖名府志列延祐二年

張起巖榜則廷試第一誠然本傳云後徙濟南尚未詳遷虞事今仍舊志編之餘詳選舉附考

顧圭通志作顧生一作珪字君玉少負奇氣見義勇爲至正間鄞寇方國珍侵上虞行樞密院邁里古思守郡城帥兵拒之圭聚鄉兵以應時有邵甲暴掠鄉里圭率團兵殄之甲寅入方氏爲向導圭復與戰曹娥江上衆寡不敵遂遇害里人瘞尸江岸岸爲濤齧而冢獨完越七月改葬面如生次日地盡爲江人以爲異戚尸祝之子諒一作亮字希武年十五失父每有推刃報仇之志而未獲遂輒揮涕哽噎楊鐵崖作虞耶孝子詞以悲其志明洪武初薦爲無錫教諭篤學

好古號西郵先生有省己錄行世萬歷志參萬歷府志及徐一夔撰墓誌楊維楨古樂府○案萬歷志列明朝孝義

絕方寇者又有王通字叔通性剛毅家居不假辭色國珍作亂時議招安通上書行省曰方氏首禍宜行誅討若復授官是盜賊無往而不官貴也當塗者不能用遂隱迹山中據補稿宋王氏世紀錄增

俞文珪字漢章諸生以優行入太學弟文煥爲郡胥獲罪法當刖母韓素愛少子慟幾絕文珪跪請母曰兒暫詣郡弟不出兒不歸矣母泣而許之直造吏庭請以身代吏以非故事不許泣曰我以母故弟出而母可生代母非代弟

也竟得請被刑偕弟歸入門已不能語但張目視母而已嘉慶志

王發字景囘事親孝大父汝舟爲武岡軍教授多藏書發能盡讀之閒有譌闕必訪求補緝完治他若禮樂刑政至虞初稗官之言可以輔國家裨名教者輒類而錄之總若干卷嘗賦續騷以自命或聘爲師辭以親在不忍離願從者至其家踵相錯所陶鎔多名士築友樵齋於楊梅峰間固窮樂道以終其身萬歷志引危素記

徐有傳字習曾由慈谿縣儒教歷處州路慶元尹以松江

府判致仕歸田於學養士祀鄉賢之末正統志子昭文字季章嘗從韓性讀尚書試藝不售杜門力學後應辟爲吳淞教諭著有資治通鑑綱目考證行世萬歷志○案考證自序文萬歷志傳注全錄

徐繼文字彥章家世儒雅祖夢麟宋咸淳間膺辟薦繼文於至治三年任鄞縣教諭天性粹和志趣倜儻以作成人材爲己任凡秀民髦士必禮下之率欣然慕其高誼相與講習時拔其尤上之郡學歲八月史駉孫程端禮薛觀俱獲薦於江浙省闈咸喜其教之有成見鄞縣志引陳昭翁貢士姓名記○案昭

文敘綱目考證在至正己亥去繼文任鄞教時遲三十五
年魏仲遠敦交集又有徐以文用章則文惟章皆能文士
當與彥章季章昆季行又王式字敬之由行省使辟任諸暨州教諭
幼承家訓潛心博學在州教士一以伯學錄深爲法伯名深官國子監學錄雖僻壤丕振文風有聲兩浙間據沈奎補稿采王氏世紀錄增纂

魏壽延字仲遠唐鄭公二十四世孫世居夏蓋湖上繞屋
植萬竹兄仲仁弟仲剛並嗜奇好古仲遠尤工詩一時賢
士大夫過虞者必造所居集倡酬之什爲敦交集大抵同
里者十之七其名籍可稽者有淮南潘純錢唐沈惠心陸景龍永嘉李孝光高明天台陳廷言毛翰朱右諸暨陳士奎剡王璛會稽王冕陳謨唐肅山陰陳敬趙倣餘姚鄭彝張克問徐本誠宋信與同邑徐士原嚴貞俞

恆徐以文則文二十餘人宋濂爲作見山樓記　國朝朱彝尊爲撰補集詩嘉慶志兼備稿引毛西河集　孔思則字允道其父淋膺孔嚳遂爲虞人以孔氏恩例任餘姚州學正擢武平縣尹博極羣書尤精於易據備稿引孔氏譜纂

上虞縣志校續卷七終

列傳三

上虞縣志校續卷八

列傳目四人物

俞正儀　陳金　陳以行　陳禧偉　志盈

郭南　趙誠　鍾億　張欽若　夏巖　丁仕卿　葉魁六

俞鵬　俞繪　陸淵之　潘府

許璋　鍾禮

明一

劉履字坦之宋侍御史忠公四世孫案舊作五世孫據戴良撰風雅翼序更正幼聰明操履端重長讀忠公遺書卽苦學講解諸經尤邃於詩書元至正初編寫忠公奏議金華黃溍爲文序之且勉以力學勵行値修宋史履具忠公任官行事上之以史

官傳文不悉遂著忠公年譜一卷避亂太平山號草澤閒民善五言詩名草澤閒吟入明屢薦不就見謝肅撰行狀洪武十二年冬徵天下博學老成之士案舊志誤作十六年行狀作十二年秋詔求天下博學之士今據明史本紀浙江布政使强起之至京師見太祖於奉天殿賜宴親試將授官以老辭給寶楮若干貫爲東歸費未行而疾作手書四言詩詩曰受中以生性命惟始曷以保終動靜斯理再更世途若涉淵水跬步弗循百行愆己孰尼予行孰使予止邈哉聖賢道則在邇命既衰矣没吾寧矣啓體全歸無愧素履擲筆卒於會同館賜歸葬象田山著有補注選詩八卷補遺續編六卷通號風雅翼祀鄉賢正統志兼萬歷志從弟惟善族兄弟

子鵬諫惟善字叔寶篤學修行元末隱居教授鄉黨稱白衣相公洪武二十年以薦擢富川知縣興學校勸農桑恤孤寡旌善癉惡綽有政聲監察御史王文榮奏保旌異之未幾卒於官歷四載無私蓄貧不能殮士民爲擇地瘞縣治之右兼祀名宦據楊士奇撰行狀兼富川縣志增纂鵬字翼南少不慧入山習靜久之胸中豁然日能誦書一鍼兼善篆楷詩畫案畫史會要常作雲山圖人競珍之從叔履學輒以道學自任洪武間由秀才應制科赴京召試除禮部郎中左遷臨江府推官升知府拜禮部右侍郎太祖以鵬鯁直授漢府典寶使輔漢王多

所匡諫以被誣死後漢王敗檢鵬諫書上之賜䘏甚厚著有風雅翼述案康熙志誤作翼風雅述翼南詩集無子姪恂任鹽城縣丞正統志萬歷志諫字正言性穎悟從履游永樂中以薦辟知靈川縣案魏驥撰行狀作洪武間膺薦縣逼猺俗號難治諫開誠布公先教後刑民皆自悔以艱去民挽留遮道起除刑部郎中民詣闕懇復任既抵靈川室家相慶又以艱去民復請歷任九載敎化大行尋調永春改知常熟政敎不減靈川卒於官士大夫思之有哀頌集時稱清白循吏萬歷志兼黎弁撰傳曾孫珩字文鳴成化戊戌進士知浦城縣沈敏有決斷守諫清白

繩奸民養髦士後兩補太平望江所至皆有最績祀浦城名宦萬歷志

張岳字申之少有大志經史之外旁通兵歷醫卜兼善騎射元季仗劍游四方偶謁明太祖於池州曰此眞人也足定天下矣遂歸隱後至金陵値元夕題詩云中天月照三千國聖主龍飛十八春捲甲已無征戰地看燈都是太平人太祖微行見之命以文學徵用不起有靑城集行世萬歷志

薛廷玉天性至孝博學善文遭元季絕意仕進家居養親

曰吾以是終矣母常患風攣跬步莫移卽溲便必躬自扶持母殁哀毁殊甚不數月復喪父葬祭不踰禮廬墓側行臺御史慶童作孝思二大字嘉之萬歷志子文舉字才用幼聰敏一目數行下九歲能屬文廷玉嘗遣學於御史中丞劉基禮部尚書錢用壬二公邃於春秋文舉承其指授充然有得洪武初邑大夫聘爲弟子師日夜講論經史磨礱造就出其門者皆爲名士十一年以文學薦召爲太常博士陞禮部主事以內艱去官遂卒著有訥齋遺稿正統志兼萬歷志

孫常生字士容登永樂丙戌進士爲貴溪縣丞以母老

不敢行違乞就本邑教諭嚴立條約朋舊皆畏憚之歷官
吏部郎中常生孝如其祖母疾不遑寢食至欲以身代嘗
扈駕北征餽餉有功覃恩及親色喜甚有老僕知爲庶出
子生母早喪乃言曰主亦知有生母乎備言其狀卽驚哭
仆地遂設主衰絰晨夕哭奠如初喪竟感疾卒人稱辯氏
世孝云正統志萬歷志兼宏治府志
王榮三簷力過人洪武初從潁川侯傅友德克取普安曲
靖攻大理屢建奇功至鶴慶與敵對壘奮勇陣亡世襲興
隆衛百戶據備稿引貴州通志

伍建洪武初進士慷慨有大志以言事謫貴陽工詩文著有木庵詩集貴州通志

張思敬字叔寰洪武初以人材薦不就强起之乃自劾曰有母在堂不能養苟來就祿愧李密多矣人品既壞何用人材數辭乞歸許之後與其母同卒嘉慶志

趙肅字敬賢篤於孝友不干榮進居白馬湖山間愛樹梧竹顏曰竹梧深處謝肅有記稽考經史喜爲聲歌士大夫樂與之游萬歷志

葛貞字原良有至行不涉聲華樓居庋文籍以自愉詩有晉唐風書法王右軍而氣貌清恭人稱悠然先生案胡敏撰傳嘗

望南山以陶靖節悠然見南山之句因署以自號洪武時累以經明行修聘不就
著有悠然集子啓自有傳萬歷志啓弟肇與從兄興隆俱徵
聘不赴敦行嗜學有悠然風貞有友曰范彰姚輯彰字仲
彰王直撰墓誌銘作名文煥從四明桂彥良受詩經洪武初與貞同徵
不就永樂元年縣南黃路溪蝗當事委彰捕之彰禱於神
不數日蝗無遺類六年復以薦辟至京師以老疾辭歸館
閣諸公祖道東門外贈詩文盈篋有守拙稿行世萬歷志兼墓銘
輯字孟曦少力學不爲經生言永樂中張鑑薦經明行修
不就棲遲四明泉石間與葛貞葉砥諸賢善嘗游長安秦

川洞庭建業釣臺諸勝探奇弔古見之歌詠著有守齋詩稿二十卷萬歷志兼姚氏譜○姚氏譜與族兄孟徽相唱和孟徽名軫永樂中同兄平舉人材繼舉茂才異等並不就著有閒詠草和唐音及說杜五言律各若干卷永樂間以賢良薦不就者又有張程字孟津早孤兄弟四人長爲貴州吏卒於官二弟且幼痛母無依遂絕意仕進日以承顏養志爲事撫弟並有成立處已應物各得其平人稱平軒先生邑令敦請賓飲遠近皆稱得人萬歷志

朱右字伯賢臨海人儒林錄作字序賢寧海人元至正末司教蕭山慈谿因家上虞五大夫市通詩書兩經後進多從之游洪武

庚戌宋濂薦入翰林與王廉同修元史順帝紀歷官至晉府長史有治聲著有性理本原書集傳發揮春秋傳類編三史鉤元秦漢文衡深衣考邾子世家元史補遺歷代統紀要覽禹貢凡例李鄴侯傳白雲稾輯唐宋八先生文集行世卒葬蘭風鄉宋濂銘墓子孝錫任谷府紀善據嘉慶志互見

經籍

陳山字伯高襟度瀟灑文彩煥然洪武辛未案舊作丙子今據劉鵬守拙編序與劉鵬許昇同徵賢良山知廣東瓊山縣守法不阿門無私謁權豪斂迹三年當陞某官爲民搆誣執至京法

曹辨其枉抵誣者罪仍還任（案見陳英撰序）以疾終於會同館賜棺葬祀名宦著有欣木詩稿書亦清妙（正統志兼嘉慶志參各序文）

葉砥字周道更字履道（案乾隆府志作蕭山人）有學行洪武辛亥進士除定襄縣丞時當大兵後境內蕭然砥撫綏有方流亡復集乙卯坐累謫涼州處之泰然杜門力學更號坦齋士大夫謫居者多宗之建文元年下詔求賢劉鵬等以史才薦起爲翰林院編修或薦堪任風憲改廣西按察僉事用法平恕獄無寃滯嘗出按郡縣至遷江會峒獠出沒爲害砥即命料丁壯立保伍併力禦之寇以有備不敢至永樂

初坐修史書靖難事多微辭被逮籍其家惟薄田敝廬古書數篋事白復官仍與史事書成改考功郎中召入文淵閣會修永樂大典爲副總裁仁宗在東宮擇儒臣侍講論砥與焉久之引年求去不許乞郡得饒州知府見鄭曉吾學編饒有磁窰銅冶而丁調不減他郡砥力言於布政司得減四之一民困以甦諸所利病悉爲興革刑淸訟息常賦詩自適著有鑾坡稿溪居集案葉綬撰行狀作著坦齋集十帙年八十餘卒於官饒民巷哭罷市正統志萬歷志兼一統志王直撰墓誌銘祀鄉賢乾隆府志孫綬字叔章永樂甲午江西鄉薦授應州學正萬歷志占籍鄱陽

學問該博尤善古篆備稿據饒州府志

曾孫冕字拱辰正統乙丑進士授南京刑部主事景泰辛未擢知松江府廉明公恕鋤强植弱民畏愛之歲屢不登悉力振救全活甚衆府有澱山湖其半屬崑山界堤壞莫修冕視爲一體築堤萬餘丈崑人感愧陞山東參政山西左布政使進都察院右副都御史初在松江樂其風土既致仕買第秀野橋西居之殁葬北錢里萬歷志一子早亡松人咸悼惜之乾隆府志引松江府志

何文信洪武辛亥進士知漢州才堪涖政卓有能聲改建州歷官福建參政分守漳州居官清白惠澤洽民入福建

名宦漳州特祠萬歷志四川通志

俞尚禋字漢遠洪武壬子鄉舉正統志授本邑訓導崇文講學百廢具舉遷江西布政司參議廉介清直人不敢干以私嘉慶志選舉表精翰墨且善丹青間戲作枯木春草自具天趣絕無畫家蹊徑萬歷志方伎

俞誠字崇眞慷慨有大節善談兵洪武六年詔停科舉訪求賢才劉基薦爲刑部主事會星變詔求直言誠論胡惟庸恣肆爲奸又言漠北既去天心無盡絕之理窮兵北伐恐有後悔詞甚切直忤太祖意謫戍雲南大理衛後惟庸

伏誅宋訥亦言窮兵不如屯兵太祖善之於是有以誠前事爲言者召還授刑科給事中勅有事必奏會丁父艱歸未終制卒補稿據俞氏譜新纂

謝肅字原功自幼强記敏於學比壯搜抉經史百家無不見之書元至正末宣城貢師泰以戶部尚書漕粟閩廣肅抱其遺經謁於吳山仰高亭師泰一見即待以奇士已而同泛大海相與論辨訖爲閩人及張氏據平江肅慨然欲見宰相獻偃兵息民之策師泰爲文送之卒無所遇師泰殁於海道肅經紀其喪歸隱於越洪武十九年舉明經歷

官福建僉事與按察司陶垕仲協持風紀劾奏布政使薛大昉不職置於法出按漳泉有虎患移文告境內之神卽日遁去聞望烜赫人稱仰之坐事被逮太祖御文華殿親鞫肅大呼曰文華非拷掠之地陛下非問刑之官遂下獄死肅文詞雄贍侍郎劉鵬稱其補志闕證史謬動關世教足勵風俗與會稽唐肅齊名時人謂紹興二肅案大清一統志作山陰唐肅時號會稽二肅臨海縣志謂與臨海陶宗儒會稽陶肅等十九人以詩名於時號皇明雅頌有密庵集十卷正統間祀鄉賢據兩浙名賢錄列朝詩集小傳明一統志戴良密庵文集序朱彝尊靜志居詩話萬歷志弟忠字原臣任太谷縣主簿以文學政事著補稿

引山西
通志

嚴震字岳宗居嵩城少聰慧年十五讀書會稽禹廟有梅梁化龍出游震作賦鎭之賦云會稽山何巍巍上有千古神禹祠衣冠陵寢今尚在丹青絢赫生光輝梁棟之材不易得中建梅梁更奇特山間夜半風雨生化作老龍游八極幾時飛去復飛來萍藻沾身人莫測鐵索高懸白晝閒隱隱神光照空壁嗚呼爾之生也本靈異神物那能久留滯一聲霹靂九天鳴會見風雲起平地年十九登洪武乙丑科進士第七人授監察御史奉命收陝西反賊有功晉刑部侍郎兼禮部尚書以才敏稱於朝一日侍御座方用扇命題扇詩矢口而成詩云不效齊紈月樣裁巧成新製勝蓬萊竹編玉骨參差合花簇銀箋次第開影拂鰲頭隨日至涼生雉尾自天來吾皇且喜京官盛滿

袖春風下紫臺後以止日蝕事罷職正統志萬歷志

吳克剛舉賢良方正洪武二十二年知惠安縣寬恕愛人政令公平清操推第一二十九年至京述職卒於途百姓莫不感泣據備稿引萬歷泉州府志纂

陳時舉字邦獻正統志作邦獻字時舉居郭瀆善讀書日誦數千言洪武丁卯薦於鄉戊辰第進士案正統志選舉洪武二十二年進士疑二十一之誤拜監察御史出按江西風紀峻峙貪吏望風解綬轉刑部主事遷員外郎讞獄多取平反中忌罷官遂謝人事肆力古文詞卒以舊隙逮繫謫交阯卒謝讜撰傳見正統志

陳秉全天性

孝友永樂甲午由國學生考授兵部武選司主事擢雲南參議屢著政績後以直言忤上貶交阯通判卒於任嘉慶志○案萬歷志選舉載陳秉由監生除兵部武選主政考滿調交阯通判與此有詳畧之殊單名陳秉或别有據

夏時字時中自幼穎悟博學善屬文與弟孚中自相師友洪武開科將應試失明因號守黑子寓意著文以自見葉砥錄其文以行世曰守黑稿卒葬西徐嶴正統志兼萬歷志○案嘉慶志沿名賢錄之誤作時字中甫與二弟中孚中瞷自相師友與此不同攷古虞詩集載時字時中弟瞷字孚中沈奎刊誤謂中孚中字當衍是也

管祐之名祖生以字行廩生天才穎發三四歲時祖教之識字日得十餘無錯訛又伸指作八法勢曲

盡其妙幼即能詩賦著宋史斷論趙宋一代君臣賢否政治得失咸有體裁惜不永年萬歷志

貝秉彝名恆以字行居城北永樂二年進士案正統志選舉作永樂元年授邵陽知縣縣僻而俗險前之名能治者率以嚴秉彝寬馭之而導以禮義其民感化承祖重歸起知東阿邑當南北要衝過使往還供給不絕秉彝規措有方事具而民不擾歲大祲上平糶備荒策成祖從之班下郡縣如東阿式邑西南有巨浸常苦潦秉彝相地上下鑿渠引入大清河得沃壤數千畝明史作數百頃民食其利傍邑流徙來歸者甚

衆尤善綜畫在官雖小物弗棄凡營繕所餘廢鐵敗皮朽索故紙之類悉存之工暇令煮膠鑄杵搗紙絞索貯之庫會戍祖北巡勅有司建席殿秉彝出所貯濟用工遂速竣薦任風憲徵命巳下耆老百餘人詣闕乞留詔進一階復任嘗坐累罰役京師民競代其役三罰三代乃復官秉彝爲吏明察而仁恕有死囚未決而盲察其色甚戚因問有冤乎曰囚固無冤第身死即宗祀無繼耳秉彝哀之令其妻侍疾獄中妻遂娠遇旱蝗輒自引咎災不爲害邑有虎患爲文告神虎遂遠遁嘗率丁壯從駕北征供饋餉比還

無一人失所在東阿十有八年卒僉無餘資寮吏爲治其喪民哀之如失父母白衣冠而送者千萬人祀鄉賢見明史正統志萬歷府縣志獻徵錄

葛啓字蒙吉貞之子生而骨相不凡四明袁珙善呂頁之術見郎奇之曰此利用器也補邑弟子員克盡孝友案正統志作由監生永樂戊子徵修大典書成拜陝西道監察御史任知縣上疏言事帝嘉納之復命督沿江葦薪窰擒僞御史陳善等犯宣德間忤中貴出知萍鄉縣有驅虎異政縣廨有池發並蒂蓮士庶咸詠其德考滿還朝百姓攀留復任以疾

辭卒年六十一祀萍鄉名宦見正統志萬歷志引萍鄉縣志兼李景華撰傳族弟昂舊作從弟考諸葛氏譜啓兄弟行永樂戊戌進士亦官無名昂官御史者殆同族分支與御史以直聲聞於時志萬歷孫銘字用章宏治間以貢爲順昌訓導奉父母極意承歡嘗代諸弟操作力行孝友因感豬之相乳當時傳爲美談萬歷志附葛木傳曾孫浩滂浩刖有傳

滂字天恩博極羣籍早歲有聲黌序累試弗捷因以自得之蘊淑諸後進若謝御史瑜范長史晉卿胡尹景華趙尹莘張給事承賁皆經指授者也滂以父母多疾尤究心醫藥遂精東垣丹溪之術人稱垣溪先生據文徵明撰傳補纂滂子楠

字安甫嘉靖甲辰進士爲常熟令砥礪廉節奮起事功如緝鹽盜豁坍江修治七浦皆有惠於民尤勤課士精簡拔賦性鯁直執法忤於時卒投劾歸杜門不與外事嘗修邑志覈實刪浮一秉於正書雖未成爲後事者取證祖錄安貧好古善吟詠有蚓吟稿稱因名所著曰學蚓吟萬歷志

張居傑字翰英幼侍父士倫徙阜城從衡水趙肅雍學永樂甲午膺京闈鄉薦舊作正統中舉於鄉今據周敘撰墓誌司訓章邱署縣事蔚有政聲擢吏科給事中知無不言皆切時務宣德四年命密察有司得不職者三十二人皆抵法案又見明史顧佐傳

尋遷雲南右參議分定緬甸交侵之地禁革士吏入侵之害民夷翕然擢江西參政措理軍屯田賦入沐其患聲譽著聞以最陞山西左布政使卒朝野惜之著有青瑣集滇南集南浦稿陽邱存稿若干卷祀江西名宦見正統志萬歷志明一統志江西通志兼墓誌銘

弟居彥七修類稿作居儉字翰華永樂辛丑鄉舉任絳縣訓導學優行修被其教者皆卓然能自樹立遷臨邑長洲教諭宣德壬子主浙試時稱得士陞福建僉事案七修類稿作廣西提學副使執法不阿爲權要所忌致政歸著有澹庵稿尤善篆書祀山西名宦見正統志萬歷志兼山西通志張氏譜

張嵓字廷瞻居傑從弟也祖九功崑山教諭致仕嵓登永樂癸卯鄉薦宣德中任宣城教諭正統三年巡撫周忱薦知當塗縣題梅詩贈之涖任敏達勤廉興學崇儒縣治譙樓橋梁驛傳修建一新政通人和吏服士化秩滿軍民師生保留不獲爲賦詩贈行景泰中由御史出守鎮江剛果有幹局先是郡麗譙爲戎司所據昏曉失度嵓奏隸有司郡學隘陋不稱奏請遷地經營以憂去後學成人文蔚興民懷其德萬曆志引鎮江府志天順間由泉州再知荆州仁明廉介毅然有爲苟利於民雖叢怨不恤修廣學校士風丕振一

如鎮江時萬曆志引湖廣通志嘗過當塗戴白垂髫者擁道謁拜以風疾乞歸卒祀當塗名宦有簡庵稿藏於家見正統志萬曆府縣志兼當塗縣志

張氏譜族父輝字士素性孝友淹貫經史著五經正義若干卷善吟詠有岫雲稿行世卒祀鄉賢據張氏譜

謝澤字時用永樂戊戌進士授南京刑部主事考讞精密獄無冤滯會戶部侍郎周忱經畧東南運賦薦爲己副居淮淛數年勞績茂著宣德中任廣西右參政佐柳侯徵蠻招撫全活者以萬計時與甄完胡智皆以藩憲有聲人稱越中三良正統十四年北寇內侵朝廷擇才望守要害貴

臣有受命者巧爲規避澤方九載考績待除闕下遂拜通政使提督居庸白洋等關（明史作守備白羊口）時王師敗於土木守邊者無固志澤單騎往執子儼手訣曰吾必以死報國矣抵關士卒方散亂無出迎者澤乃宣敕旨將士稍集然皆懦怯不振頃之也先兵大入守將呂鐸遁澤率羸卒扼山口且拒且卻或請移他關避敵澤曰吾受國恩三十年此豈偷生日耶會大風揚沙不辨人馬得走入關駐南佛寺急猝不暇閉門寇突至澤按劍厲聲叱之遂被殺其僕由吉負澤屍晝匿夜行間關達京師以死事聞（案萬歷志義行列由吉）

朝廷嘉其忠遣官葬祭錄儼爲大理評事曾孫元順登正德丁丑進士終工部郎中正統志萬歷志兼明史本傳

范宗淵名湑以字行居城玉帶橋幼孤母車氏口授孝經論孟洪武中甫齠齓詣闕背誦御製大誥三篇賜楮幣歸永樂戊戌成進士授工部主事宣德元年內臺請修舊制遣御史分涖天下諸藩勾攷三司簿書以察得失遂拜宗淵監察御史巡按福建黜陟賢否貪吏聞風解印綬四年以蘇松常鎮四郡事繁復遴宗淵往寬猛得宜風節懍然有范青天之謠還朝卒年四十三正統志萬歷志兼嚴繼先撰行狀林誌羅汝敬

送東歸序六世孫澄清字晏海萬歷戊午鄉薦任江山教諭陞福建甯化令期年神州鼎沸挂冠歸以餘俸分給諸昆兩當賓筵盛典卒年九十有一子孫科第相繼康熙志兼嘉慶志○案舊志澄清作宗淵孫其科分相去太遠今據范氏譜改正譜作字千頃陞禮部儀制司主政與志殆有詳略互見之不同

林釗字明遠元縣尹希元之孫幼穎異博究羣籍永樂中拔貢授江西饒州通判廉靜簡樸惠敷遠邇巡按賢其行特授府篆會歲凶艱食設法振濟全活甚多尤勤課士涖六載饒士民立碑志之及歸家無擔石處之泊如居近邑

署未嘗足至公庭介節儉德有祖遺風康熙志崇禎時有曰本字原長者亦希元後博通經術一時公卿交章薦之辟中書不就家貧楹邊隙地皆植梅人稱爲梅隱善詩工書乾隆府志嘉慶志

羅瑾字懷瑾祖性中洪武間謫戍忠州父文仲以身代役永樂甲午卒戍所訃聞瑾哭絕復甦者數四親往取父骸歸奉節縣之慈灘波惡舟覆同行者咸葬魚腹惟瑾扶一櫬席順流漂下守灘人鉤致沙邊見呼吸未絕救之甦乃匍匐至夔州府謁鄉先達駱同知惠衣資得負父骨歸葬

宣德己酉登鄉薦授祁門訓導母憂歸卒乾隆府志○張居彥撰行狀載季父正仲與文仲友愛無間文仲代戍正仲撫諸姪如己出又從弟懷玉隱居教授號南園抱甕居士見邱錫抱甕圖序子澄字景深正統壬戌進士由行人擢監察御史道經山東値水災上疏活民數萬按閩戡大寇鄧茂七奏免濫課七萬有奇閩人有苛政猛於虎脫虐由羅父之謡宦官陳縉王振虐民亦禁絶之復命陳敬天法祖十二事及進賢才去僉佞七要法丁母憂麓川盜起藩臣請奪情責以兵事服闋赴任不戰而平詔賜錦衣御書以勞卒於官著有五經正解辨疑事物名數等書及詩文數十卷尤精三

禮據家傳兼乾隆府志

俞正儀九成之季子居百官永樂中母病革百藥不效或云取肝作羹食之能愈正儀設壇焚香祝刀於天割右脇取肝廣半寸長三倍調羹而進母飲而甘之觀者環堵或謂之癡遂呼爲俞三癡母病稍退逾旬終卒正儀竟無恙於越新編兼萬歷志邑人俞繪有傳萬歷府志

陳金字汝礪居三都宣德中由進士任行人奉使安南嘉慶志注詳見軼事厚賮以金金謂使臣義無私交峻拒不受安南人義之爲立郤金亭正統末扈駕土木素諳天文先幾指畫

贊翊良多景泰六年官廣東布政使淸修簡約鋭於興治丁外艱歸民攀留者塡溢衢巷見正統志萬歷志兼廣東通志職官表○案萬歷志云正統末與土木之難不應復官廣東今據廣東職官表陳金任左布政使在景泰六年或者英宗北狩金但扈駕非死難也嘉慶志依府志列入忠烈恐誤廣東通志列傳別有兩廣總督陳金應城人與此僅見職官表者非一人萬歷志注引廣東通志亦應分別求之

陳以行字公貴孝友性成入無間言嘗築別業於城西曰水西莊善屬詩與同里謝澤張輝輩往來倡和正統間詔舉懷才抱德科大冢宰蕭山魏驥連章表薦再徵不出敕賜莊額曰天秩書院晚年名益著士大夫多造廬贈和著

有西莊集行世嘉慶志

陳禧字景福以行族弟宣德乙卯登順天籍鄉薦正統中任泉州府同知遷荆州屬邑有激變其民者誣以謀反太守信之將奏請剿戮禧曰人民至重盍察其實已而果誣貴州苗民逆命禧統兵隨大將柳侯征之所向皆克論功陞湖廣右參議案潘□撰傳作朝廷使保定伯梁瑤尚書王來征之禧統五營兵親冒矢石凡七戰皆捷事平陞湖廣布政使左參政未幾署巡撫事不數月掛冠歸士庶肖像祀之生平涖事詳慎歷官大僚及卒幾無以爲殮見萬歷志嘉慶志兼湖廣通志荆州府志從子偉字伯魁少隨禧寄籍順天善用戟

登正統丁卯武科景泰甲戌成進士授錦衣衛千戶襄陽賊劉通據南漳僞從撫甯伯朱永征之墮入重圍幾厄以雙戟衝突飛舞若神殺賊數十人解圍得脫事平陞東城都指揮司管山西大同總兵據沈奎補稿纂

族子志甯字思安隨寄順天籍力舉百石弓登正統辛酉武科乙丑進士官都督僉事山東都指揮使己巳英宗北狩由山東撤兵護駕會也先大舉入寇過雞鳴志甯督兵禦之格戰死英宗復辟詔恤死難諸臣諭祭世襲錦衣衛百戶嘉慶志

郭南字世南博雅能文以邑掾起家初任吳江縣史築長

橋勞勩甚著遷常熟簿郡守況鍾與撫交薦擢爲令疏通諸浦設義役倉每里出米五十石著爲令遂享十年之逸尤禁鬼禨正昏喪禮修邑志僚屬有事於鄉令以食物隨行虞山出軟栗甚肥美民摘以獻食而甘之乃令悉伐其樹曰後必有以是進奉而病吾民者官常九載百姓德之案明史李信圭傳正統十二年致仕父老乞還任英宗許之未幾歸與老儒袁鉉袁鏵輯邑乘捐貲壽梓以傳萬歷志兼常熟縣志○案鄞縣志郭南傳文與此同攷郭修正統志具載家世稿是虞人疑鄞志誤入袁鉉字伯貞自稱小越山民著有西潭集雪洞文詩稿鏵字伯珣均見沈奎補稿

趙誠字一誠娶杜氏生子而杜卒誠年二十七族人勸再

娶誠謝曰不聞伯奇孝己事乎吾旣有子可無娶聞者高其義景泰中應貢司訓德安時同知劉英欲妻以女誠以初意辭鰥居五十餘年致仕（萬歷府志　嘉慶志）嘉靖時同邑鍾億亦以義夫稱（萬歷府志）億字萬之少好讀書篤實修潔娶陳氏生子繹方在懷抱陳病卒億時三十（案康熙志作年二十四）痛其生盡孝敬不再娶撫子成立惟取適吟咏以終餘年有司請致賓席輒謝曰有老母在敢遽赴此宴乎與誠並年八十終（見萬歷志）

張欽若以字行讀書有氣節洪武初族人宏尹爲縣吏坐

事充武衛軍張氏遂登軍籍沒則代爲宏尹無嗣移文索親友無應者欽若毅然曰人戀家事耳吾有二弟三子無內顧憂義當行卽應命去至衛所年餘衛長詰其故義之延爲子師閱三十有四年詔削其籍釋歸時須髮已皤然矣嘉慶志

後以義稱者有夏巖葉魁六丁仕卿巖字民瞻嗜學好客值歲歉米貴催科亟巖呈請糧儲道得改折民困少甦民壯之設率以無賴充數巖不平請革除五十餘名縣大夫才之命司水利巖陳上妃白馬夏蓋湖有四患曰佔種一也請佃二也漁人盜決三也圩長索錢報修四也

羅衆悬困囹圄者久之持論益堅七鄉人德之備稿據謝讜撰墓誌

增纂魁六家貧積傭直娶婦婦至泣然泣下詢之則里長某妻也以償逋糧不足繫獄乃鬻婦贖罪魁六郎送婦還不索直且爲輸逋糧邑令胡思伸悉其故義之旌其門嘉慶志

仕卿寓杭城敎讀見民儳於夫役投牒當路謂官夫百七十名足備撥遣夜巡之役既尸出門架錢以召募總甲火夫而復差及保甲俾民財力兩敝請罷免事下諸司議徹巡員役以不便其私訐仕卿撓亂成法聽者不察嚴行箠楚桎梏回虞者三萬歷二年仍至杭陳請再下兩邑議成

是之自是兩役悉除吏陳牒督府徐栻樹石垂遠錢塘陳

善爲之論贊據杭州府志義行增纂

俞鵬字漢逵畫史會要能詩畫嘗膺保舉寓京師時吏部郭尙

書知其能畫使人召之不赴召者曰冢宰人欲一見而不

可得子何獨不往漢逵曰吾以膺薦而來今往爲之畫使

他日得美除人將謂以畫得之卒不往後卒旅邸貧無所

藳鄉人爲裒金歛之明陸容菽園雜記

俞繪字本素性孝友爲父兄服里役輸糧後海時有閩寇

繪統民兵有斬馘功不自叙年二十狀貌甚偉邑大夫見

輒奇之曰此非凡夫補校官弟子員始習文字邑少俊以其晚學頗易之繪益自奮景泰丙子舉於鄉授歙縣訓導郡有閣經歷禹錫者薛文清高弟也以國子監丞言事落職繪日與講明聖學督學陳士賢特章表薦阻於例弗召憲宗時翰林羅倫章懋以劾時相被謫繪上疏請罷己官贖倫等罪天下壯之以年資遷崇陽教諭崇陽俗信浮屠繪著闢道錄率士人習文公家禮嚴立課程造就人才邑俗大變嘗應聘廣東考試有懷金賄之者繪卻以詩又嘗貸馮生金比償時馮已物故其子珏云父未嘗貸且無券

固辭不受繪曰無券者以而翁知我也我不償則負翁知且負我心乃爲文告其墓卒償之陞開封府教授並有賢譽歷三十年終於教職名賢錄作家居四十年未嘗苟出謁祀崇賜名宦本邑鄉賢著有井天集萬歷志兼兩浙名賢錄

陸淵之字克深髫年失父兄克鑑任鴻臚寺序班淵之侍母在京師學天順壬午領順天鄉薦成化丙戌會試第二成進士改翰林院庶吉士戊子授禮部主事論尚書陳文不當得莊敏美謚引司馬光論夏竦事劾之直聲大振進員外郎戊戌出知叙州時旱暵頻仍發粟振饑郡多淫祠

悉毀之以祀先代之賢者諭民孝享其先不宜崇惑靡費暇則進諸生講明理學興起甚衆寬徭省訟四境大治白羅夷民亦帖然向化敘人立生祠祀之宏治己酉歷河南參政省下富民田多稅少小民有產去糧存之害淵之嚴有田有租令民咸稱便進右布政使卒於官先是詔科道薦天下賢能推淵之第一會卒不召淵之篤行好古累積詩文善行草書居喪不出戶家無宿儲或干以非義固拒不納部使者移檄爲建坊淵之堅卻之曰取鄉里脂膏以爲己榮於心安乎著有東皋集八卷行世祀鄉賢○萬歷志

謝讜

撰傳淵之嘗與章公德懋講道相得章謂淵之有
學有守有猷有爲行類仲弓政希山甫殆確論也
潘府字孔修自爲諸生讀濂洛諸書卽慨然有志成化丁
未會試第三案明史作成化末明儒學案誤作宏治辛丑時憲宗崩孝宗踐位
百日素服如故禮官堅請從吉府毅然抗疏勸行三年喪
略曰子爲父臣爲君皆斬衰三年仁之至義之盡也漢文
遺詔短喪止欲便天下臣民景帝苟從綱常墮地晉武帝
欲之不能行魏孝文行之不能盡宋孝宗銳志復古易月
之外猶執通喪然不能行於下未足爲聖王之達孝也先
帝奄棄四海臣庶含哀陛下痛切肝肺麻衣視朝百日未

改此一念天理之發也伏乞力排羣議斷自聖心定爲三年之喪使天下萬世仰爲三綱五常之共主顧不偉哉剴切數千言親友疑懼沮以皇明祖訓勸行三年喪者斬府不聽疏入衰經待罪詔輔臣會禮官詳議並持成制禮部侍郎倪岳獨贊決之定三年不鳴鐘鼓不受朝賀朔望宮中素服舉奠府由是名重海內謁選得長樂知縣五年教民行朱子家禮躬行郊野勞問疾苦遷南京兵部主事陳軍門利病七事父喪除補刑部值旱蝗星變北寇深入孔廟災疏請內修外攘以謹天戒又上救時十要凡所陳並

關國體切時宜多見采納以便養乞南改南京兵部歷武選司員外郎萬歷志作郎中尚書馬文昇知其賢拜廣東提學副使考校嚴明士習丕振時雲南晝晦七日楚婦人鬚長三寸上弭災三術疏不報尋以母老乞休不待命輒歸會逆瑾亂政吏部尚書楊一清巡按御史吳華屢薦不起嘉靖改元言官交薦進太僕少卿改太常兩上疏謝因言修明聖學中興治要惓惓忠愛老而不衰既致仕歸屏居南山闢南山書院聚徒講學布衣疏食足不入城市修正五經四書傳註及周程四子集參互考訂爲書二十餘種所著

素言競傳誦之與王守仁講學頗有異同嘗言居官之本有三薄奉養廉之本也遠聲色勤之本也去讒私明之本也又曰薦賢當惟恐後論功當惟恐先識董文簡玘於髫年妻以女玘貴猶以未滿所期爲惜年七十三卒故事四品止予祭世宗重府孝行特予葬祀鄉賢明史兼萬歷志劉蕺山議配享尹和靖明儒學案

許璋字半圭家貧潛心性命之學不求仕進凡天文地理及孫吳韜畧奇門九遁靡不精曉嘗躡屩走嶺南訪陳獻章至楚見白沙門人李承箕留大崖山中者三時質疑問

難亦不至嶺南而返嘗爲王文成塾師教以奇遁諸書及武侯陳法文成撫江右璋指乾象謂曰帝星今在楚矣已而世宗起於興邸其占之奇中類如此宸濠將叛璋遣子遺文成衷黎江豆西瓜文成驚悟出查亂兵遂不及難後得誅叛捦王皆璋力也岑孟爲梗文成奉命督師走璋問計璋曰撫之便卒用其言得孟遺之金帛不受欲薦之於朝曰爵賞非吾願何以相强自謂所居當大發祥顧子孫無當之者此鄰陳氏兄弟不凡足當此歸之去已而陳述陳述果相繼登第人呼爲神仙云山陰范瓘常師事之年

七十餘卒文成以文哭之題其墓曰處士許璋之墓邑令楊紹芳爲立石時嘉靖四年萬歷志兼明儒學案

鍾禮字欽禮自幼迥異羣兒書法趙子昂尤精繪事弱冠省外舅蔣先生於京師公卿爭招之名動士林還居城南蕭然長林間有金氏饑寒挈一兒賣於路禮惻然以白金遺之宏治庚戌有謝進士以使事至浙慕禮邀厲老子宮會徐某謀充吏役賄謝囑當道及謝畢使事去而謀弗遂徐陳牒憲使指禮見知禮不欲累謝竟誣坐謫戍盤石巳而朝廷以繪事召見直仁智殿以老乞歸帝燭其前誣削

謫籍賜以冠服時大學士李東陽謝遷王鏊爲文以贈既歸不忘帝恩每節旦望闕拜祝追慕二親祭必𣸪泣垂白如一日女歸玉山令孫景雲以烈婦旌萬歷志○欽禮善畫雲山草蟲詩字亦佳李空同作歌紀其畫有始學戴文進後頗自出機軸語又見萬歷志方伎

上虞縣志校續卷之八終　　列傳四

上虞縣志校續卷九

列傳目五人物

陳輝 宗岳　陳旺 坰 美發 翀 邦瑞 達生 約 元瑛 陳理 聞思嚴 姚鏜

杜檼 丁潛　王進仁　洪鍾　韓銑

張棨 槩　李錦　陳大經 大紀 大績　葛浩 木 焜 臯 曉

謝忠　張文淵 文澐 陳璠 文津　朱文潤

朱袞 朋求 思明　羅應文　徐斅 子忱 子恆　徐文彪 子奎 子行

子宜 希明 子麟 一掄　徐子熙 應豐 啟東　徐子俊　顏臚 洪範 綸掞

倪鎧 應蘄　顧蘭　車純 任遠 周一鳳　任重

陳楠　倪涷元贊　元璣　鄭遂舜臣　陳洙

謝瑜時康　葉經志周　煥　陳紹維　徐學詩

明二

陳輝表依萬曆選舉志作暉字文耀幼以經濟自許天順己卯領應
天鄉薦庚辰成進士授兵部武選司主事會曹吉祥謀亂
以禦變功遷員外郎成化初擢武選郎中都御史項忠在
本兵薦可大用萬安爲相惡輝忤已陰沮之不果時李孜
省恃寵橫肆輝疏劾孜省攬權植黨妨賢蠹民諸大罪不
報司禮太監汪直坐西廠詗刺外事人咸惴惴輝與抗禮

不爲屈直怒誣輝矯旨逮問下獄大學士商輅劉珝申救乃免時馬政多弊牝馬每歲不孕謂之飄沙養者賠駒甚苦輝與車駕陸容訪實擬行各府縣民間如有飄沙勘驗無詐以馬送驛走遞别給課馬以紓民患忌者阻焉會議征安南傳旨索永樂中調軍數輝疏陳利害劉大夏在職方匿其籍兵書余子俊力沮之事遂寢尋出知開封府訪問利病時黄河屢徙常苦徭役輝裁允均費民稱便未幾祥符陳留大饑以俸餘創振且勸二縣令各設粥廠數十處又請撫按發常平米人各給五斗幼者半之民獲蘇郡

有書院久廢輝急爲修葺延師督課士風丕振二十三年卒於官民爲巷哭祀開封名宦嘉慶志○案陳氏譜何鑑撰傳與此同江西通志名宦陳輝傳載成化十六年任撫州同知明達勤敏臨川孔家橋崇仁黄家橋圯皆節羨修之不勞民力與此互有不同河南通志職官表成化中開封知府佚陳輝名

從孫宗岳字維鎮博學敦古誼嘉靖二十三年廷試案選舉表列歲貢舊作廷試天下貢士宗岳名第一恐涉附會授來安訓導以興起斯文爲已任日與諸生講解經義尤以實行相砥礪數年卒於官祀來安名宦見萬歷志選舉引來安縣志兼嘉慶志

陳旺素行善良被盜鳴官爲盜誣繫獄值御史渡江子坰奔控號泣曰我以死白父寃遂投江死坰子翀年十三聞

父變孤身覓父屍哀慟不徹晝夜隨祖獄中納饘槖周旋備極危苦會郡守感神夢搜牘察玨寃始得釋玨姻獬後並祀鄉賢俞府志見康熙志獬子邦瑞號西巖以父痛姻之死於江也諱言錢塘過江輒流涕不忍視嘗於西興逆旅得遺金二百餘守候其主還之主者詰其姓氏卒不告以國子生考授辰州府經歷先是推官胡某嘗欲坐一人以重辟邦瑞召視其人年僅二十許其坐罪在前十年事非童子所能犯遂力白其非辜胡知不可奪釋之且陽謝既而陰中以不謹邦瑞不與辨挂冠歸詩酒自娛與耆老講孝弟

陸嫺之義爲邑令李某所推重年八十七卒公舉鄉賢子見宇肖宇俱諸生見宇子約字施其天啟甲子舉人任崇明令多惠政崇明濱海民多業漁時倭寇出沒南北洋漁無利輒與寇比潛導入境不時竊發約廉得其實嚴譏察明約束躬親勸諭民不復奸尋病卒於官特恩諭祭祀名宦嘉慶志約子美發字木生幼奇頴善屬文天啟丁卯舉人崇禎戊辰進士改翰林院庶吉士辛未授檢討分校禮闈稱得士晉東宮日講官父喪服闋陞翰林諭德時會推閣臣廷議以非祖制事寢奉敕封藩歸里卒年三十九先是

奎文塔傾側衆議拆建美發言塔爲虞邑水口攸關不如仍舊加新事格不行後悔不從其言康熙志美發與族父達生族弟元暎時稱陳氏三鳳達生字元解束髮即能詩苦吟無已其父禁之不能年十二游庠工古文辭尤肆力於詩丁甌石進倪玉汝元璐咸敬畏之富春高惺一亦負奇才延爲子師朝夕唱和性耿介有巨紳某求文以壽當道贈金不受曰僕不可以貨取也竟不作著有浪游草餐霞齋集元暎字耀初幼時好讀左傳太史公書蕭梁文選及長博通羣籍爲諸生自課試外未嘗爲時文浙東觀察使

盧龍韓鵬南觀風錄第一屢致書招之終不往崇禎庚午鵬南歿時通永路阻其子廣業挾所藏書渡江而南會秋試元暎遇於逆旅問何之曰盧龍韓氏訪陳元暎於上虞者曰客識元暎乎曰未也吾讀其詩文而心折耳曰某即元暎也相視莫逆遂不赴試偕歸空室居之爲治其家具案舊有西卯間兩中鄉榜語疑有誤未幾鼎革遂隱與廣業諸人往還曉山賀溪間十餘年將卒盡焚其所著詩文稿廣業子豐穀集中有云自惜才華空北海不留詩卷繼西京蓋傷之也同時陳芹字璧水徐騰字以息顏綸揆字敘伯謝僑字潤之

咸列名復社以名士稱嘉慶志○案顔綸撰傳文另見

陳理字裕之父衡天順歲貢任萬載丞年八十有六病篤理性至孝備盡色養籲天請代時已仲秋父渴思鮮李理往圃抱李樹哀號竟日樹杪忽生一李大如甌歡呼進父啖之津液頓生病遂愈鄉人爲繪瑞李圖題詩盈百康熙志

嘉慶志雍正閒旌表時先後以孝稱者有聞思嚴姚鐙杜橒丁潛新纂

思嚴諸生博學能文篤孝行母病思雀雀輒飛入入山采藥遇虎虎避已而母亡即絶欲茹淡苦塊三年不出戶至痛哭喪明鄉閭敬而哀之子善幼子熹能世其家風萬歷

志

鐣字孔明據姚氏譜成化丙午舉人授政和敎諭性孝謹父治家嚴鐣承順得其歡心嘗偕行遇刧盜父被殺從者奔散鐣直前赴救抱持哀號盜併刺鐣腹腸出膜外血濡脛猶不釋人甚傷之孫翔鳳自有傳萬歷志

檈字乾亨據杜氏譜府志作杜溹年七歲念父遠遊不歸朝夕思慕讀書遇父母句輒歔泣不能讀閭里感之及總髮婚甫彌月求母模父像徒步訪尋至雲南金齒驛遇其父奉事未幾父卒檈痛旅櫬難還晝夜悲慟新昌梁某攜之歸過鄱陽湖風濤大作舟幾覆檈抱父骸跪禱號泣頃刻浪靜乃克歸葬母徐患風

疾手足艱舉槾與妻肩舁出入雖處窮約務得歡心母歿時槾年已七十猶廬墓三年喪畢嘔血逝人稱杜孝子萬歷志

潛雅志好修出入必稟命於親親疾籲天躬禱旣歿卜葬古木下木朧腫礙穴倚樹而號已而厲風擠古木忽起遂得葬所著有棲雲風木詩卷備稿○同時族有齊望者父早世事母孝及卒廬墓三年見采訪冊

王進字藎臣成化二年進士初任大理寺評事轉寺副奉勅恤刑湖廣多所平反河間知府賈鍾納交中貴故殺無辜荊州有獄連戚里者憲宗皆命進往按悉置於法近習

滋不悅出知成都府案張熙撰墓誌銘云在郡十年考績第一四川通志云政尚簡易剖斷無滯獄十年始擢參政歷山西布政使律法精明牧守簡易在仕途三十年猶然儒素以疾卒於官遠近奔走哀號其得民心如此萬歷志子仁字克復任同安訓導日進諸生講明性學造就甚衆性耿介學署圮當道欲以三十金葺之仁卻之曰毋以我故傷民財嘗求廣試額忤劉學使旁觀駭汗劉爲心折嘗有同鄉賈人過同安以布百端寄之夜爲偷兒竊去賈歸仁償其直不受去追與之以親老乞歸卒祀同安名宦據林盤撰行述纂

洪鍾字宣之隨祖有恆家錢塘成化乙未進士授刑部主事宏治初由郎中遷四川按察使讞獄明敏馬湖安氏阻兵怙亂鍾用計除之備稿引明史馬湖土知府安鼇恣虐有司利其金置不問僉事曲銳請巡案治之鍾贊決送京師寘法累遷右副都御史巡撫順天建議增築塞垣自山海關抵居庸延亘千餘里正德元年由貴州巡撫召督漕運明年遷右都御史掌南院事尋進刑部尚書加太子少保湖南盜起奉命總制川陝湖河四省軍務事平加太子太保未幾乞歸卒謚襄惠鍾狀貌魁傑籌算無遺卒能以戰伐成功名紀太常祀鄉賢明史兼萬歷志康熙志○案浙江通志杭

州府志均作洪鍾錢塘人王文成洪公墓誌銘亦稱爲錢塘望族元興避兵上虞祖有恆復還錢塘今仍舊志幷詳選舉表鍾弟鎡篤學隱居西溪商文毅薦授中書舍人不樂仕進及鍾官尚書欲薦於朝力止之見錢塘縣志

韓銑字日章成化丙午順天舉人宏治己未知荊門州都憲王儼經其地役夫四百餘人銑拒之封其輜重將聞諸朝儼爲屈服辛酉南漳巨盜擾民擒其酋盜悉平治有漢水衝田自石碑至新城三十餘里銑築堤水不爲害民名之曰韓公堤甲子陞韶州府同知平廣惠等郡猺獞亂正德丙寅當道委征連州峒寇時賊勢猖獗銑兼程駐西山郡賊夜劫營銑督兵奮戰賊益圍之帳下李永瓚勸突圍

出銑叱之力戰而歿萬歷志作委劉連山等呰竭力行間遂遇害　詔贈知府錄子入監萬歷志兼謝遷撰傳賜諡忠義著有稽山謾詠古虞雜記倦游集姚江新稿若干卷張應曾撰傳

張槩與餘姚謝遷同舉成化甲午科歷任邵武府韶州府同知廉公有威時謝遷入相或勸其進謁曰吾豈爲故人作門下客哉卒不往弟槩至性孝友樂善好施舉鄉飲賓湯郡守紹恩書額旌其門嘉慶志○案廣東通志南雄府同知有張槩名與嘉慶志表同廣東通志韶州府與福建通志邵武府下未詳

李鏞字曰章性孝友道高學博不求聞達謝木齋潘南山

洪兩峰謝茅山賈環峰未遇時與之游鍾欽禮陳雙泉輩皆師事之謝潘先後登朝數薦錦錦曰靑紫非我願數薦奚爲哉遂築亭於鳳山之陽賦詩鳴琴蕭然自得國有大事謝潘輒手書諮訪環峰祝天賜先生壽朝家之幸也年八十三終著有太極圖說洛書注遺安詩草隱湖集弟鎧袁州知州子文龍商邱督糧廳俱有善政嘉慶志

陳大經字正之宏治庚戌進士任將樂縣知縣勤恤民隱平徭淸賦養老字孤民甚德之嘗捐俸置田以祀楊時墓復拓射圃令諸生課餘不廢習射爲政廉潔無私卒於官

囊無餘物士民如喪父母爲位哭之請於當道入祀名宦復祀鄉賢從弟大紀字勉之宏治丙辰進士初任南京大理評事以母疾不能迎養竟成鬱疾由寺正遷福建按察司僉事聞母訃哭絕而甦抵家嘔血不止竟卒自諸生至宦成遺資悉歸兄弟其篤於孝友如此萬歷志大績字茂之弱冠覃思典籍宏治戊午鄉舉倜儻尚氣節不爲人屈入上春官不第齎志以歿據陳氏譜增纂○案嘉慶志有陳大賢傳隆慶庚午舉人不詳選舉表乾隆府志列入山陰沈奎據陳氏譜東牆門派七世士隆贇居山陰至大賢爲十二世則大賢前已不爲虞人今依删

葛浩字天宏御史啟曾孫宏治丙辰進士初令五河招卹流民闡明理學羣士向風邑旱蝗步禱數十里雨隨霑足躬歷各鄉捕蝗蝗悉飛去有捕蝗臺禱雨井遺跡見五河縣志在任五年考最召拜南京廣西道御史會災異上疏請正心術信命令選守臣慎考官緩輸納嚴武備重刑憲設險要明史陸昆附傳云數陳時政闕失孝宗多采納武宗立教坊請選取樂工浩以教坊非先王之樂諒陰非聽樂之期手疏止之正德元年與御史潘鏜諫止司禮中官高鳳請令其從子得林掌錦衣衛事不聽時八黨竊柄朝政日非浩復與御史陸昆等極諫言太監

馬永成魏彬劉瑾輩共爲蒙蔽日事宴游上干天和灾祲疊告廷臣屢諫未嘗省納若輩必謂宮中行樂何關治亂此正奸人欺君之故術也閣部大臣受顧命之寄宜隨時匡救宏濟艱難言之不聽必伏闕死諫以悟聖意顧乃怠緩悅從巽順退託自爲謀則善矣如先帝付委天下屬望何伏望側身修行亟屏永成輩以絕禍端委任大臣務學親政以還至治疏上瑾怒悉逮下詔獄杖三十除名浩既削籍瑾憾未釋復坐先所劾武昌府知府陳晦不實逮杖闕下墓誌銘作時逆瑾弄權公率同僚疏入下公錦衣獄

杖黜爲民瑾復摘以他事下公南錦衣案此逮杖當

屬南錦衣矣又明史宦官劉瑾傳三年二月瑾召羣臣跪金水橋宣示奸黨皆海內號忠直者浩亦列名其中瑾既誅爲瑾斥者悉起浩等以兼劾羣閹未用南御史周期雍與王佩力請據明史周期雍傳起浩知邵武府邵俗尚巫男女聚會無別浩下令禁止民有兄弟訟者浩諭以倫理至情對之灑涙皆感泣讓遜而退在郡六年入覲陳利弊五事悉施行晉河南參政遷廣東左參政時新甯盜起大征調集官民兵使閫藩臬郡分領浩及參將李璋駐節新甯時握兵者多殺戮賊首陸四兵敗亡走多指平民藏匿咸被害獨浩用兵有紀獲盜必多方審驗不妄殺一人諺曰大

盜起誰能保妻子逢葛李則生遇章簡必死獻徵錄云浩潛師出賊不意縛其渠魁脅從滅死亂遂以平詔賜白金文綺進右布政使與左使梁材協恭宣化利濟爲多尋擢貴州左轄嘉靖中歷官兩京大理卿持法以信廷中稱平致仕歸杜門讀書內行修謹民有大利害輒抗言之一邑倚以爲重年九十二卒恩賜祭葬贈刑部右侍郎從祀名宦鄉賢萬曆志兼明史陸崑傳瞿景淳撰墓誌銘長子木字仁甫正德丁丑進士歷刑部郎中奉命省刑務求入中之出多所平反所上恤刑奏疏蘭谿唐龍謂其辨誣理枉得破觚斲雕餘意而法未嘗潰太倉王世貞謂前後理江西獄者亡慮百十人其疏草傳

至今惟孫忠烈與參政葛木其見重於世如此尋知淮安府淮號難治木鎭以簡靜加意撫字節冗弛禁富者不苦於役貧者得負鹽以自活毁淫祠爲書院進諸生月課之淮士民戴如慈父遷山東副使山西參政卒於官喪還過淮士民奔擁停留月餘哭奠不輟木爲人孝友清約能世其家嘗夜渡錢塘風濤忽作安坐賦詩云心與神明合風濤夜不驚可以占定養矣祀名宦鄉賢季子臬以蔭授南京都察院照磨文章[煃]如器宇磊落不能與時俛仰歸著有一哂齋漫稿事言統辨木子焜字仲韜由貢任岳州通

判已補建昌陞袁州府同知以考滿乞歸祖父皆以名賢祀於鄉焜承先德益自修飭他郡邑名士皆與遊年未三十妻陳氏卒即鰥處終身事母潘宜人克盡孝養居官矢冰蘖絶饋遺所至攜一老蒼頭供爨而已涖事刃解多善政當道旌其賢方擬顯用而自免年七十終著有集覽北覽感世諸編及文集行世又浙稚女貞編等藏於家均萬歷志

焜子曉字雲岳少以恩蔭讓叔祖臬據許如蘭撰傳舊作讓其叔誤里人高之善詩文工書法士大夫多與之交萬歷間邑令徐待聘延修縣志卒祀鄉賢康熙志兼乾隆府志○曉子百宜字孝始由舉人知廣東河源縣陞

雲南祿勸州知州有聲附見康熙志據余颺撰傳○案阜李湖下載曉修志受賄僞創七說傳本可删今姑附

謝忠字汝正學易多領解宏治乙卯舉人案舊誤作乙丑已未成進士授工部屯田司主事榷荆州稅進員外郎父艱服闋會劉瑾扇虐坐誣被逮瑾誅得白還都水郎中督視漕河羣盜焚掠運艘獨徐沛以南在忠所部者不敢犯代還當遷李尚書重其才留改工部屯田郎中時郎官十年以上有聲稱者外遷忠在工部久李亢言外遷必予秩三品會湖廣缺督糧參議僅四品銓忠無愠色益勤職未幾罷歸兄弟四二仲早夭撫其孽惠而有辨與季弟居迄老不分

異歲以粟贍宗族貧者鄉人病涉爲起石梁不靳費及其喪也人多哀之嘉慶志○案備稿引董玘中峰文選與此相同又引山西通志洪武初任大谷縣主簿以文學政事著洪武字誤

張文淵字公本宏治壬子舉人己未進士案舊誤作乙未初任工部都水司主事嘗引導東川以疏河流有功漕運勒載碑志遷兵部武選司正德初遭逆瑾用事致仕辛未起用不就案張氏譜作吏部尚書楊一清題請銓補不赴甲戌陞南京禮部郎中未幾丁內艱當道誤聽以考察罷官九字依刊誤據張氏譜增遂不起談經授徒著有衛道錄諸圖便覽八音百詠據文淵表文東泉百詠奏聞世

廟內衞道一編主於翼朱與王文成傳習錄多所參駁善眞草得朱晦菴書法萬歷志弟文澐字公素生八月失恃鞠於祖母家貧力農自給聞兄文淵鄉舉曰此丈夫事亦可爲也遂就學年已二十四人多笑之益發憤不五年學大成領宏治辛酉鄉薦正德辛未成進士授淮安沭陽縣時流賊楊虎猖獗據沭陽執淮安太守劉實東南大震文澐未莅任過南昌謁巡撫張鼎請兵靖難不許退而私誦曰食人之食者當擔人之憂鬱鬱不得志遘疾竟卒據張氏譜增纂

文津字公濟文淵族兄弟好孫吳家言著史略將宗三十

卷[宏]治十二年上之孝宗嘉納命贊畫兩廣軍務旋授武學訓導不究所用卒嘉慶志兼張氏譜○案嘉慶志與文文津作津史略將宗作兵略誤淵同領鄉薦者陳璠字景明通周易爲文馳暢淵[永]試春官弗第入南雍疾卒年未三十姚江孫忠烈王陽明皆哀輓之據補稿新纂

朱文淵字本澄十五歲食餼正德中貢成均廷試第一任福建南靖教諭陞[永][寧]王府教授以勿克歸事父母暨兄爲恨王憫其志顏其署堂曰三慕家傳作文淵以勿克各祿養顏其堂曰三慕省士大夫贈以詩章名三慕集郡守湯紹恩榜其居曰孝

友堂後永寧微有不軌意文潤屢諫不聽遂謝病歸念父母與兄俱逝哀毀卒年八十二見嘉慶志兼朱氏家傳

朱袞字朝章號三峰案朱氏譜文潤族兄弟子童時即負大志爲文有奇氣弱冠中宏治戊午舉人壬戌第進士授工部都水司主事督理徐州洪以積夫羨銀易石甃堤免河濤衝齧之患外艱歸起補刑部員外郎改河南道御史條陳時政悉見施行時錦衣衛官旗多近侍冒濫袞持法不撓忤權璫謫江西縣丞滅華林寨賊朱雪一等知福清縣建城捍衛由沂州知州轉吉安同知值廬陵賊曾國祥等猖獗袞鍊

兵以計召賊所信者往諭之賊詣郡請降籍爲兵後王陽
明擒宸濠實吉安兵力爲多陞都水司郎中巡視蘇杭七
郡水利疏治歸壑病歸起補刑部郎中陞興化府知府殫
心撫字任怨任勞自以不能諧俗三疏引疾不待報而行
莆人思之爲立生祠至家徜徉山水間以辭翰自娛喜接
引後輩講談不倦登眺題詠人輒鐫石構亭珍若拱璧前
後閩浙侍御中丞屢騰薦剡王新建總制兩廣亦以才識
薦皆格不行郡守湯紹恩闢玉岡書院推袞主講袞謂舉
業德業非判兩途教人主以居敬豫養輔以讀書好古學

者宗之著有拂劍錄水衡餘興夢劍緒言雪壺唱和大小學範大學信心錄體要吟觀微內外編及三峰文集藏於家嘗手輯邑志未竟而卒年八十七萬歷志兼謝讜撰行狀○案明史焦芳傳末黨附瑾者有御史朱衮殆別一人也○朱氏譜衮弟袍字朝用輸醫官慮事精詳有父兄風七修類稿作朱朝儀子朋求嘉靖戊午舉人壬戌進士授行人歷官刑部員外郎執法忤權貴左遷魯府左長史卒據朱氏譜族兄弟子思明名見嘉慶志失書名據朱氏譜正善騎射勇略過人嘉靖中倭寇亟嘉慶志王軍門怦拔思明爲武生羅僉憲取用之胡軍門宗憲賜冠帶把總官倭平欽賞銀三次後兩廣巨盜張璉亂見

入廣陣亡贈紹興衛試百戶蔭一代朱氏譜○案明史王忬傳嘉靖三十一年浙江倭寇亟命忬提督軍務巡撫浙江已而進忬右副都御史巡撫大同忬無征兩廣事嘉慶志隨王軍門攻賊云云不根之至惟胡宗憲傳有兩廣平巨盜張璉論宗憲功事思明入廣當在張璉亂時又案浙江通志職官表嘉靖中按察使僉事與王胡同時者有羅拱宸羅僉憲殆即拱宸舊志又有趙軍門彙題語趙當是忬傳中御史趙炳然也

羅應文字汝實年十二陸東皋一見奇之許以女嘗語之曰汝聞道甚早慎終爲難作幼學箴勖之領宏治戊午鄉薦署藁城教諭父喪服闋改貴池署縣事值東夷入貢驛傳旁午應文能省費不擾民用陞順德令丁毋憂服除改

授醴陵醴陵故無城郭疏請贖刑以石倩工畚土五月告成未幾劉賊肆侵旁邑醴陵獨免又察羇田遺糧之患辨以民作軍之寃禁遏豪右撫恤窮黎興革不可枚舉旋以浮議歸卒年七十一著有草亭集稿二十卷藏於家據備稿引金璐傳羅草亭墓誌銘○案沈奎刊補應文初任黃州通判嗣陞鬱林州守與此不同

徐斅字習之家貧舌耕養母館吳門母陳病夢斅懷梨十四枚以獻詰旦斅至獻梨如數母啖之病遂瘥嘗與族弟文彪訂宗約行家禮宗人服習鄉閭向化著有拱北稿及地理辨說子子忱字世孚正德己卯鄉薦初任鎮江府通

判稱能吏已補寶慶府捉正有守擢知陸涼州有惠政猺民立祠祀之尋改安[寧]州會子學詩劾嚴嵩廷杖子葵亢遂不仕家居優游數十年凡宗黨有爭搆剖決無不意滿年九十二卒萬[歷]志次子子恆字世德性純孝親没廬墓植禮燕山冢中表陌忽生枝葉明年表陌易枝葉復生歲習爲常人多異之捐資立祭產置義倉振施貧乏按察使殷崇儉勅縣表其閭曰孝義里康熙志學詩自有傳

徐文彪字望之號雙溪工詩文抱道績學以母老家居養志正德初舉賢良有司以文彪應邑令汪度敦趣迺行時

逆瑾用事劉健謝遷皆致仕歸文彪覩國事日異試文禮部慷慨陳策中援蕭傅蔡顯語有規切瑾怒以浙江所舉士多遷同鄉而草詔由健欲因此爲二人罪文彪等下獄並削健遷官詳明史謝遷傳及選舉志文彪謫戍鎮番鎮番斗入沙漠雅不嫺俎豆文彪至倡明道學弟子日進賈大亨撰聘君父子西行記河西諸衛皆雲從翕然稱徐夫子文彪有五子長子奎次子行子宜子厚幼子麟聞父難爭欲往子奎泣辭諸弟獨偕子厚西行阽危百端卒達戍所逾年瑾敗乃以赦得掖父歸歸二十七年而卒賈記年七十八初餘姚徐子元周禮與文彪同下獄遣戍而

文彪所造獨深及歸築室西山絕不談往昔事性復好施捌義田開義學振饑恤死鄉人咸德之私謚曰貞晦先生著有貞晦集若干卷祀府縣鄉賢萬歷志兼康熙志徐氏家傳子奎字世貞由庠生授伊府典膳性孝友初與弟子厚萬里尋親會刑部檄提家屬乃赴京械繫刑獄有白其孝者得釋西至莊浪沙子厚馬陷及頸子奎呼天拜泣馬躍而起登道天大雪子厚寒甚且僵子奎解衣溫以體終夜始甦衛人嘖嘖稱徐孝子比文彪還鄉同謫許龍以司衛事不放歸文彪愀然曰吾友不還吾忍獨還哉子奎復馳數百里和

解之偕以來且出貲贖許故所鬻妾凡文彪歸後所爲義舉子奎率諸弟悉殫心承順郡守湯紹恩表以孝義著有思親百詠泣椿卷石峰集據徐氏家傳子行以兄弟從父河西家居奉事祖母劉母姚盡孝養且以勤起家每接父書慟絕復甦父赦歸佐立宗祠置田學各義塾年九十六三舉鄉賓湯郡守表其門嘉慶志兼康熙志李府志孝行傳○案陳有年朱袞賈大亨所撰文彪傳記凡述子奎歸後事與子行傳語相同子宜正德己卯舉人官池州府通判有惠政子厚中副車與兄子宜同科據徐氏家傳子麟字世亨嗣從父文卿篤於孝弟善事兩翁與四兄怡怡無間嘉靖

王子以貢任朝城訓導待士有禮未朞乞歸屏跡靜坐日惟課其子姓閒輯錄百家言成編老而不倦爲人易直長厚以禮法自藩亦以藩其家宗黨敬式之有若王彥方陳仲弓壽幾百歲將逝前一日自言平生一無愧作庶可含笑全歸卒祀府縣鄉賢萬曆志○陳有年撰行狀子麟子希明字允升案備稿云通志作允濬誤嘉靖甲子舉人選舉表辛酉副貢初任攸縣以諭俗膚言敎民民咸化之時吏部鄒元標以言事謫戍貴陽懼禍者皆避匿希明獨迎勞之人高其義倅安慶寧國皆有善政守蘄州條救荒十議康熙志云討滅叛寇有武功見崇信錄陞蘇州府

同知和易近人人皆親愛有傳吳人謀不軌者大吏下教亟誅反者希明力白無他保全甚多補興化力繩陸兵以法勤民事崇儒術出其門者多名士卒於官萬歷志居家孝友克紹祖烈著有宦游吹塤等集康熙志○鄒元標撰墓碑治術具諭俗膚言中閩楚人稟之爲公令子五孫七皆名諸生

希明孫一掄原名廷英字英度以詩經領天啟甲子鄉薦任雲南保山縣勤政惠民循績卓著行取授山東道御史有直聲出按陝西茶馬所至廉明仁恕遘闖賊之亂爲賊所獲欲官之誓死不屈囚長安糧署值　興朝略地至潼關賊潰一掄微服從間道南歸及丙

戌西陵軍潰憤而卒祀陜西名宦嘉慶志章正宸撰傳如翰別有傳

徐子熙字世昭徐氏譜文彪從子父杰宏治中任英山主簿從政剛果下車除盜境内屛息邑民請祀名宦據盧州府志增子熙爲諸生即淹貫經史諸子百家靡不精究襟懷磊落工詞賦草隸宏治辛酉中鄉試第三乙丑成進士授兵部職方司主事區畫調度有裨疆埸正德戊辰充會試同考再典武舉咸稱得人陞武庫司員外郎試倚馬萬言科獨成七篇授翰林院編修留青日札直文華殿晉光祿寺少卿乞詞翰者無虚日下筆千言談笑立應被誣補和州尋擢彰德府同

知時劉賊猖獗圍城旬日城中告匱子熙詣趙王府請賑散粟人心始定賊平大吏咸爲詩文紀其績卒於官案自補和州至此見謝丕撰墓誌銘孝事繼母處兄弟不私一錢臨終惟諄諄以孝友訓子著有貽穀堂集萬歷志子應豐字德中幼承家學游庠善屬文尤精楷書由序班薦理制敕房事進中書奉

詔待直供事無逸殿時承晉接恩賚甚渥會從弟學詩劾嚴嵩嵩疑疏出應豐指屬吏部以考察斥之應豐詣迎和門辭特旨留用尋陞禮部主客司郎中嵩恚甚踰年以誤寫科書譖於帝遂廷杖死應豐性爽直不屑治生以故賞

賚悉以濟人居家事二兄若嚴父鄉有不平者片言立解人皆重之所著詩稿合刻貽穀堂集萬歷志兼明史孫啟東字養元隆慶丁卯領鄉薦選舉表兩登會試副榜令太和有政聲調句曲値水災輒跨一高脊馬爲之股分鉤引田父不驚而水大治遷宛平令許駙馬某與人爭窯縛人啟東擒縛者置之理許譁之謂當廷奏啟東曰不廷奏駙馬何所容須眉郎解印付政府政府改容巽慰檄駙馬易服謝令一時都下肅然已而遷留都繕部郎司農司空事俱出啟東指畫卒以宛事鐫秩丞閩福寧州遂拂袖歸築亭鹿花溪上榜曰

濯纓補稿據王思任撰墓誌銘

徐子俊字世庸據徐氏譜子熙族弟夙慧絕人讀書目數行下九歲能文咸以奇童稱之十三補邑庠生正德丙子丁丑鄉會連捷時方十九慷慨有憂世志以父喪歸廬墓屏跡不入城市立必制行皆以聖賢自期服闋聞武宗南巡草疏欲上會疾卒未婚爲世痛惜潘太常弔以詩云天分由來出近眞希賢有志已知津如何造物於人忌更比顏回短十春均見萬歷志

顏瞧字文華父杲以天順貢士司諭即墨性至孝以母李老養不逮祿作慕萱卷研窮理學著有中庸必見人稱顏

中庸據家傳增睢以禮經中正德丁卯鄉薦授山西絳州學正召遷南京刑部主事歷郎中出知雲南澂江府性長厚不事脂韋宦履所至操行不苟歸田二十餘年杜門讀書人以緩急告必委曲應之嘗割山築城垣捐俸置墓田略無德色卒祀澂江府名宦萬歷志著有四書證疑禮經疏義詩文集若干卷見徐待聘撰傳孫洪範舊作曾孫洪節洪範字中起以進士任上海令清慎明肅徵拜雲南道監察御史巡視山海等關建白邊陲利弊舉劾人材臧否上輒報可以介直不諧於時出爲河南僉憲尋謫守澤州惟用臥治士民感愛

如父母陞南京刑部員外郎日治城旦書多所平反未幾轉北京刑部郎中聲譽益起以使命餉邊休沐卒於家未竟其志士論惜之萬歷志

洪範孫綸揆字敘伯讀書目數行下試輒冠軍天啟甲子鄉魁名流願交者相訪不絕引掖後進不倦敦行孝友絕意仕進詩亦雄麗每賦以見志康熙志

倪鎧字右文曾祖逑初景泰時輸粟三千石振饑又助白金三千兩築臨山城朝廷賜璽書束帛授徵仕郎不仕見倪文貞撰府君行狀兼乾隆府志嘉慶志鎧幼穎悟日記數千言年二十舉於

鄉學主居敬以實踐爲務始授興國學正日舉伊洛淵源課弟子時趙尚書以郎署典山西試事鏜爲同考官趙有所私鏜廉得之固持其題不發所私者竟不中選遷樂平令三月治聲大著調繁南城南城故侈乃更繇役之法使皆受直應役士民德之迄二年聞母病乞歸養抵家病愈人以爲孝感所致田居三十年足不入城市日以讀書課子爲事生平無妄語無機心著有西原日記務本錄按病篇卒祀鄉賢志萬歷

子應蘄字鍾甫少負奇才積學累行試輒冠羣學者稱南望先生事親孝父病疽親口吮之母九

十終猶涕泣不已敬撫兄弟無閒言子涑任同安令就養一日涑詣府昏時門者驚傳曰秀才葉日新反城中巨室皆挈家走應蘄曰今吏治淸民方樂業安有反者未旦涑已自府中召日新慰諭之走者悉歸人服其智識平生酷好書著有杜荅錄不自棄稿閩游日抄秣陵隨筆各卷萬曆志兼孫鑛撰墓誌銘涑及曾孫元珙元璐別有傳

顧蘭正德十年任翁源縣主簿廉能惠愛贓財悉歸公帑修葺倉舍城池學舍諸廨爲知縣黃銘所妒陷去之日行李蕭然知府姚鵬助其路費翁源縣志

車純字秉文曾祖勿邳永樂初任政和縣丞邑故多礦盜勿攝縣事其魁以百金嘗之不受後奉檄往捕盜以爲前郤金丞也陽解去勿念事終弗靖投劾歸未幾盜果復作人服其識據萬曆選舉志增純登正德丙子賢書丁丑進士父喪廬墓三年起授工部主事嘉靖初大禮議起隨何孟春等伏哭左順門忤旨杖闕下久之擢山西參議分守大同作備邊論五篇施行悉宜邊境以安擢雲南副使備兵曲靖霑益州土官與鄰界交攻純以片言平之而寢進參政巡撫檄治貪吏吏乘間投以明珠純斥遣之竟正於法遷福建

右布政司尋轉左凡三載操持愈勵閫中有車布不車金之謠止以所刻諸書歸儲學宮便士子覽誦後晉右副都御史巡撫湖廣比歲大祲振卹安養民賴以濟勦撫辰沅苗亂協謀底定會楚世子弑父端王人情洶洶純鎮以靜疏其罪逮治之府事遂定已而三疏乞歸士民遮道攀留純動止有度而披誠霽色藹藹可親歷官四紀清介如一日歸田二十餘年布衣疏食不殊寒士未嘗以一刺謁公府卒年八十九祀鄉賢据明史何孟春傳家傳萬曆志纂

孫任遠字遠之邑廩生鍵戶著書非其人不納嘗與惕祕圖徐文長葛易

齋輩七人彷竹林軼事結爲社友邑令徐待聘聞其賢聘修縣志邑人陳絳著金罍子多所校訂著有知希堂稿螢光樓識林濯纓集寶文襍鈔存笥錄行世嘉慶志家傳

任重字叔仁太學生萬歷中任黃州府經歷屢詆稅監陳奉之姦反被誣廷杖下錦衣獄六載執政沈一貫疏救得歸當道交薦被眞定府經歷尋卒贈光祿寺寺丞祀黃州府名宦嘉慶志家傳

與任逵同修縣志者有周一鳳字鳴岐九歲能文十五補弟子員究心理學設教嘉湖出其門者多名士性耿介絕跡公庭好施與遇貧困輒捐貲以助邑令徐待聘

嘉其文行聘修縣志年七十八卒著有詩文集行世康熙志

陳楠字彥材少沈毅強記博綜羣書稱鉅儒登嘉靖丙戌進士授長沙府推官歷大理評事進寺正用法平恕尋知寶慶府賑災弭盜興學造士三年政行惠洽會妖民李承賢倡白蓮教從者萬餘楠擒其魁盡散餘黨當道欲窮治邀功楠不可與論翕然遷山東按察副使備兵蘇松鍊兵修城力靖盜源未幾提刑山西會不悅於當道遂罷歸杜門讀書清約簡樸足勵靡俗云萬歷志葛焜撰傳

倪涷字霖仲號雨田鎧之孫九歲能文領隆慶庚午鄉薦

（舊作萬歷庚午誤）辛未計偕時江陵相張居正典試湅卷首薦以策語涉時務江陵斥以爲狂甲戌成進士授安福令安福號難治湅至即修復古書院與鄉大夫約毋以私干有鄰部民甲乙聚鬭乙負明日殪其病叔以誣甲鄰令不能辨甲抵死獄成移湅治湅察其實舍甲罪乙擒大豪王渠王繼王羅渠以豪論死越獄爲盜久捕弗得湅下車不浹月得之繼擁貲數殺人其宗大父行某欲縶掠且死囑其子曰必以楮墨襚我鬼可鳴也湅廉狀發屍按如律羅陰殺人既掩之湅舟夜經心動使人守勿去旦發之屍也中遺

奋題王羅名以是罪羅治行爲天下第一適江陵奪情涑取彭廷憲終制疏鍥而序之已而御史傅應禎劉臺進士鄒元標彈章相繼直聲大振江陵欲中劉以危法涑力爲湔洗律不得傅因貶山西臬司照磨遷同安令洪司寇鈁爲怨家所告應逮問者二萬餘人原坐司寇贓巨萬累歲不能決涑一洗故牘浹旬而定司寇冤白株連悉不理諸生葉日新貌奇而誕好與方士游忮者遂爲蜚語云負貴徵謀不軌策某日劫庫屠城遠近洶洶攜家去者千計涑密檄召日新慰諭之且還集諸攜家去者是年江陵敗徵

爲南巋部郎佐船政時船政大壞會有風霾之變詔求直
言涑總條馬快船得十議以其五具疏因大司馬郭上之
一議官守二議差使三議支放四議木料五議出則又因
少司馬顧上言改馬船爲快船之利隨奏許可命以船政
專責涑閱三年告成計歲省金錢十餘萬蠲夙逋萬中外
感德爲立惠德祠尸祝之出守撫州大饑民亂涑出市攖
坐辟者三百八條蠲振十策撫大定居五月遷淮安大治
河費金巨萬乃竣一夜隄潰漏已三下涑即檄營卒千八
囊沙石抵之昧爽安瀾河使者驚以爲神丁内艱歸起補

荆州荆係江陵故里羣張慄甚涑加禮備至張有田千頃爲勢家所侵悉徵予之人以是服涑厚德荆有數生以丁祭勒縣尉令挂冠有士爲縣令首擢反持令短長榜而數之且有殺其家之季至夷其面耳鼻口者涑悉收而置諸理爲當道所忌去職復起守瓊州瓊濱黎又缺守八年法弛民玩時黎數千人鼓譟當事大治兵涑小創之益布威德黎大悅歲大旱涑輿病而禱大雨郡邇海得泉率鹵涑禱諸神穿地得美泉民德之名曰倪公井捐贖鍰繕敗雉千民又德之稱曰倪公城瀕海有港可田募民興築得千

畝以其半佃贍諸生膏火半儲倉備荒後遇祲歲賴以無
憂瓊大治撫按推卓異第一以他故歸年六十六卒葬白
馬湖岡著有船政新書經濟管窺理學度鍼保民更化錄
閒閒堂會心錄星會樓集碧山吟康熙志見倪文貞先子府君行狀瓊臺志
元璐元瓚元璵元璐別有傳元瓚字獻汝元璐同母弟年
十三試輒冠軍其學以事親守身爲本名在復社而不掛
黨籍辛巳越中奇荒條議上當事令在城者坊管一坊在
鄉者鄉管一鄉坊鄉殷戶分上中下捐助饑民分老幼極
次給米有差散領有時其外來流丐仰給於官民賴以安

鬻產修葺學宮鄉里咸推其行應舉明經不出當事以賢良方正薦辭與劉蕺山講學者七年椰溪有別業館謝孔淵於家講易三載元璐殉國難先作書寄元瓚曰時事至此惟有七尺吾必泰然當以好言慰太夫人元瓚哀國痛兄目腫聲喑故作好容告母曰兄扈駕從海道南幸旦夕可至母奮身擲曰國家至此耶爾兄必死矣元瓚預作邸鈔出袖中曰此據也不數日有媚黨遽白之母曰吾固言兄必死但汝勿再效兄耳福王立授兵部員外郎不赴蕺山絕粒招至榻前言地方大計元瓚以母老多病不能稍

離大聲慟哭蕺山曰爾可稱終身慕父母者嗣　王師進

勦甌閩每借住宅爲屯營元瓚奉母徙居無常所每遷移

必先請命伺顏色怡悅然後行至丙戌天下歸順越中乂

安而母年已八十六矣或日一食元瓚亦日一食或不食

元瓚亦不食母病革刺臂血作疏籲天求代及卒元瓚已

六十三案文貞殉難年五十二至丙戌僅二年元瓚烏得有六十三歲舊志備稿均誤猶作兒號

形貌焦黑至不可識廬墓三年又踰年而卒所纂輯有理

學儒傳春秋五傳羣史目及杜詩紹興府志皆有論斷文

集數十卷康熙志兼乾隆府志　元瓛字華汝七歲父歿哀毀過成人

事生母李湯藥枕簟必躬嘗視母病弗瘳潛碎甆器取鋒割股煎糜以進母暫愈卒不起廬墓三年如一日侍兄元璐已通顯慨然曰士貴自立無以兄爲也築室委宛山南讀書其中得耗血病年三十二卒補稿据家傳○案元瓚丙戌以後終隱不仕元瓚七歲喪父据補稿引華汝公傳後文正公十一年生推之當在萬[曆]甲辰年三十二卒則在崇禎時應並列明

鄭遂字惟用幼穎異稍長業儒旁通星術一日歎曰吾命不當以儒顯乃棄儒習掾事謁選任遂溪縣尉遇海潮衝決堤岸崩圮田疇多沒遂請於令身任其事冒觸風濤督樓木石潮不能爲害復闢通衢濬水道資灌溉廣東通志作嘉靖十

三年任捐俸具久之以老疾歸民思德奉祀名宦遷居山
牛種以佐貧乏
陰嘗謂子舜臣曰吾不能爲子孫計顧爾宏德懋學以光
大先人之閭是吾所以貽爾穀也舜臣警悟雋拔嘉靖丙
午領鄉薦丙辰登進士授歙縣令以考最遷南京工部主
事忤權貴左遷鄧州同知轉判汀州守通州貳袁州府並
著懋績所在尸祝之祀鄧通二州名宦萬曆志擢柳州知府
時督撫大征古田調狼兵十餘萬屯城下各無統屬聚夥
搶掠民苦而訴之當事恐激變計無所出舜臣謀於兵道
密擒四人磔於市不書姓名各營自相疑沮其患遂息獻徵

錄監軍道發俘四數百名發審內有幼者六十餘人舜臣憫其無知各易年歲而曲全之尋致仕歸廣西通志舜臣幼郎以豪傑自期至輸金償鬻婦之債救卒卻出妻之謝尤人所難者歸田二十年不事脂韋鄉里畏服卒年七十八舜臣長子一麟登萬曆丁丑進士初任兵部主事萬曆十二年任肇慶府知府歷官按察使司以母老乞歸廣東通志萬曆志○

案余孟麟學士集有奉政大夫南京兵部武選司郎中鄭公生祠記云上虞鄭大夫任南兵部其他涖官之概不具論論其鉅者有二帖黃官旗宗圖自國初迄今歲久殘蠹每遇襲替則奸胥亂典而鬻其權大夫釐然檢覈以正其圖狀抱牘者無敢詭售人人便之異時轉運以漂泊而待罪者不啻百餘家抑無從申大夫廉得其狀思有以釋之

乃條具無辜上大司馬報聞斯二者所謂不世之業也據此則鄭大夫卓有可傳然記中不著大夫名字而鄭舜臣傳云遷南京工部主事一麟亦祗云任兵部主事不言爲武選司郎中不敢憑臆羼入故附於此

陳洙字道源嘉靖己丑進士初授南臺御史出爲江西按察司僉事赫著風譽旋歷藩臬拜開府巡撫應天江西等處未幾晉陟南京兵部右侍郎一歲三遷適倭寇薄留都遣將禦弗克科道交章論大司馬張時徹波及洙與張偕罷是時洙尚未任罷非其罪也洙內精密而外寬和居鄉雍雍有禮意接賢士大夫至其篤於昆弟視猶子如子逮其支庶亦必周護親親之道有足多焉萬歷志○案明史張經邱橓二傳文

似洙未抵任係蘇松巡撫非南京兵侍也邱傳謂兵部尚書張時徹及侍郎陳洙皆罷或連類而及不拘其人之履任與

謝瑜字如卿其先僉事肅通政使澤皆名臣瑜登嘉靖壬辰進士令浦城政績甚著召拜南京御史時武定侯郭勛陳時政極詆大小諸臣不足任請復遣內侍出鎮守瑜抗章劾勛所論諸事影響恍惚而復設鎮守則其本意所注也勛交通內侍代之營求其言官吏貪濁由陛下無心腹耳目之人在四方又曰文武懷姦避事許內臣劾奏則姦貪自息果若勛言則內臣用事莫如正德時其爲太平極

治耶陛下革鎭守内臣誠聖明善政而勛詆以偏私在朝百官孰非天子耳目而勛詆以不足任欲陛下盡疑天下士大夫獨倚宦官爲腹心耳目臣不知勛視陛下爲何如主帝雖不逮斥勛而鎭守之議寢海内賴之尋轉北使雲貴核兵籍因論禮部尚書嚴嵩姦佞使還臺長稱爲古之遺直薦留雲南道嵩憚之百計要結且啖以美官瑜不顧出按四川萬曆志引四川通志公正有體卓持風裁聘賢修志丕闡文獻聞邊警又上疏請誅嵩嵩屢被劾求去帝慰留瑜言嵩矯飾浮詞欺罔君上籍制言官且援明堂大禮南巡盛事爲解而謂諸臣中

無爲陛下任事者欲以激聖怒奸狀顯然帝留疏不下嵩奏辨帝慰諭甚至切責瑜居二歲竟用嵩大相甫踰月瑜疏言武廟盤游佚樂邊防宜壞而未甚壞今聖明在上邊防宜固而反大壞者大臣謀國不忠而陛下任用失也自張瓚爲中樞掌兵而天下無兵擇將而天下無將說者謂瓚貌魁梧足稱福將此乃一身之福非軍國之福也昔舜誅四凶萬世稱聖今瓚與郭勛嚴嵩胡守中聖世之四凶陛下旬月間已誅其二何不並此二凶放之流之以全帝舜之功也大學士翟鑾起廢棄中授以巡邊之寄乃優游

曼衍靡費供億以盛苞苴者爲才獻淫樂者爲敬遂使邊軍益瘠邊備更弛將焉用之疏入留不下時世宗雖黜嵩猶未深罪言者嵩亦以初得政未敢顯擠陷故瑜得居職如故未幾假他事貶其官又三載大計嵩密諷主者黜之比疏上令如貪酷例除名瑜歸日奉母怡怡盡歡不躡足公府顏其居曰狷齋（劉子遺書 精於易學所造就甚衆蕺山先生外王父章潁其弟子也）世宗遺詔錄言者未及拜命而卒年六十有九後御史周宏祖輯嘉靖間章疏特請於朝贈太僕寺少卿（明史參萬曆志）子萬成諸生孫時康號理齋隨父讀書晨昏定省曲盡子職屢

試不售爲府掾吏不受非義錢凡府縣折獄必詢康康效法于公援例惟輕考滿授江西樂平縣丞署篆二載剔弊除姦執法不囘辭歸里兩繕學宮建修道路橋梁人高其義卒年八十有九子四章綬經猷俱以孝友稱康熙志

葉經字叔明嘉靖壬辰進士除福州府推官剖決稱神明丁父憂再補常州懔有風裁擢御史時嚴嵩長禮部交城王府輔國將軍表枘謀襲郡王爵秦府永壽王世子惟燱與嫡孫懷墡爭襲皆重賄嵩嵩許之二十年八月經指其事劾嵩嵩力彌縫且疏辯帝乃付襲爵事於廷議而置嵩

不聞經復以十惡進嵩憾之時同臺謝瑜亦累疏嵩嵩每
對客曰我何罪於上虞不相容至此尋奉命巡山海關按
壁行營老將弗若癸卯復巡山東會臨清城工成巡撫據
爲已功輒自建祠經陳禁例毀之東平有尙書子橫州里
立捕治抵罪遠近肅然是年監臨鄉試發策以邊寇侵侮
禦應失當財竭民困罰賞冗濫爲言鄉試錄上下禮部議
嵩摘錄中繼體之君德非至聖作聰明以亂舊章好自用
而不能任人等語皆指爲謗毀貼注以聞帝怒手批山東
試錄譏訕逮繫詔獄廷杖八十斥爲民創重卒案明史選舉志作杖

死闕下康熙志作卒於道先是御史楊爵以封事獲罪下錦衣獄同輩多引避經獨通問不絕及繫獄爵使人覘之兀坐不動卒年三十九爵爲著傳於獄中穆宗卽位復原官贈光祿寺少卿据明史兼葛焜行狀楊爵撰傳劉應節墓誌銘祀鄉賢錄其子志周爲詹事府錄事志周淸介有父風嘗寓省邸還徐生遺金署廳印郤給劄例銀亦以忤當道出簿瘴地卒萬歷志曾孫煥字毓華登天啟丁卯鄉薦任德化縣教諭講道衡文士風丕振陞知泗州廉明惠愛咸頌甘棠居鄉謙恭兩舉鄉飲典禮卒年七十有九康熙志○案舊列國朝今依嘉慶志附此

陳紹字用光幼穎異弱冠舉於鄉登嘉靖乙未進士任廬州府推官以明允稱徵拜南臺御史號有風裁壬寅八月嚴嵩初爲相適北虜擾邊紹抗疏論之其略曰嵩外爲謹飭中存巧詐競奔趨而賤名檢崇文飾而鮮忠誠輔臣係師表百僚之任如嵩者庸劣素鄙於縉紳識度見輕於士論以之列置具瞻將何以風厲天下羽儀羣工昔唐楊綰拜相京兆尹減騶從郭子儀撤坐中聲樂宋司馬光拜相遼人戒飭邊吏愼無生事開邊隙嵩之被命果有是耶伏望收回成命別選碩德重望以充斯任宗社幸甚天下幸

甚時世宗尙親萬幾嵩雖恚其不能輒加禍未幾邊境告急又上章直刺嵩嵩益銜之遂出知韶州至則與民更始榜十餘事其大者曰清本原曰申聖諭曰禁奢侈曰稽積滯曰輯盜賊一郡咸屏息而聽徭役以一丁配糧一石貧者苦之改配五斗曲江附郭里甲煩費爲之稽籍分日縮十之七修張文獻墓新余襄公祠祀張九皐父子以風簡七學弟子員於濂溪書院而餼穀之韶西界連州猺人蟠據時出剽掠紹督猺官召諭賞賚申明約束諸猺聽命郡堂就圮發帑羨捐贖鍰葺之踰月而成民不知費韶民貧

而喜訟得其情而捐其贖訟者感化英德有楊金者殺吳福泰賄吏嫁罪蔣效文翁源池咸鑑謀殺嫂姪飾僞牘冀倖免一訊皆伏合郡稱神明乙巳歲大饑發粟躬振民大稱便既而四月不雨至六月紹徧雩禱暑毒弗戒致病瀕危聞雷雨作復甦言及郡事而卒紙贖悉置庫藏遺書數篋而已紹首抑權奸著績大郡卒以死勤事韶民哀之爲祀名宦萬歷府縣志兼獻徵錄後邑令朱維藩讀紹南臺疏稿以爲得呂獻可之先見因成長篇祀鄉賢萬歷志○萬歷府志紹卒時妻孫年二十六苦撫二孤歷四十餘年尤以貞淑聞於鄉弟維字用政性至孝晚年好施搆

永思堂於長者山麓家傳里中稱陳長者所著書亦以永思名稿太宰陳有年邑令朱維藩誌其事萬曆志附陳縉傳維弟縉從弟絳別有傳

徐學詩字以言子忱子登嘉靖甲辰進士授刑部主事方提點刑獄時淫雨暴漲諸囚内苦舍傾無所避外憂食不時入學詩爲嚴其防寬其械濟以椒餠越數日無一傷與脫者歷郎中時嚴嵩父子怙寵黷賄天下咸以言爲諱二十九年秋俺答大舉入寇突騎薄京師而所分布要害之師尚以賄置會有詔求直言學詩遂具疏歷數嚴氏奸利

事其略曰臣惟外攘之備在急修內治內治之要貴先端政本竊見大學士嚴嵩輔政十載奸貪異甚內納權貴外比羣小文武遷除率邀厚賄致此輩掊克軍民釀成寇患國事至此猶敢謬引佳兵不祥之說以謾淸問近因都城有警密輸財賄南還大車數十乘樓船十餘艘水陸載道駭人耳目舉朝莫不歎憤而無有一人敢牴牾者誠以內外盤結上下比周積久勢成而其子世蕃又兇狡成性擅執父權凡諸司奏請必先白其父子然後敢聞於陛下陛下亦安得而盡悉之乎蓋嵩權力足以假手下石機械足

以先發制人勢利足以廣交自固文詞便給足以掩罪飾非而精悍警敏揣摩巧中足以邀利避害彌縫闕失私交密惠令色脂言又足以結人歡心箝人口舌故前後論嵩者嵩雖不能顯禍之於正言之時莫不假事託人陰中之於遷除考察之際如前給事中王曄陳愷御史謝瑜童漢臣輩於時亦蒙寬宥而今皆安在哉陛下誠罷嵩父子別簡忠良代之外患自無不息矣世宗覽奏頗感動方士陶仲文密言嵩孤立盡忠學詩特爲所私修隙耳帝於是發怒下之詔獄箠楚備至學詩慷慨不少摧挫尋放爲民先

劾嵩者葉經謝瑜陳紹與學詩皆同里時稱上虞四諫旣歸侍父優游泉石曾無侘傺於中而潛思力踐不以一節自多浙中方苦徭役直指龎尙鵬議條鞭法延學詩至廨三日而定頒行浙中民賴以甦隆慶初起學詩南京通政右參議至官踰月卒贈大理少卿祀府鄉賢萬歷志兼明史崇禎丙子詔遣官諭祭康熙志○嘉慶志學詩具疏前一日猶召客歡飲如平時惟密屬家奴以三金鬻棺天未曙入朝見同部郎中會稽沈橋以父母爲託已而兩校出逮下錦衣衛衛使陸炳訊主使姓名學詩曰人臣盟日夜瀝肝膽不憚誅夷爲朝廷發大奸慝雖父母妻子不與知誰爲主使械具夾脛擊之悶絕於是錦衣吏錢塘李奎石首王爵率其屬前抗聲曰徐郎中言事爲國耳械浸潰百毒即血濡及之不三年潰腐死豈不傷哉因共

碎其械杖行六十復閼絕故事杖欲斃者衞使嘿然而炳忽大聲連擊其案若怒杖爲頓輕入獄扃衞甚嚴家人再日不得通問給事中會稽沈束久繫獄假以飲食藥餌得不死次輔擬論絞帝批徐學詩不必別處原籍爲民先是京師謠俺答到門前閣老還要錢至是有續者曰天高皇帝遠不學詩無以言學詩出都門獨錦衣李王二吏翼之行臨淸山人謝榛吟去國一身輕似葉高名千古重如山句以送之學詩用遞解嵩級以家奴二人良鄉知縣點解揮使退猶陰尾之數日學詩得還與鄉望王龍溪趙麟陽諸賢逍遙山水間胡總督宗憲以備倭涖浙嘗介龍溪請見不可後胡敗學詩被召出疏浙中四事其一請復胡爵以功在平倭自不可沒耳奉母赴南都未幾擬推汀贛巡撫命未下以疾卒　孫爾一　別有傳

上虞縣志校續卷十

列傳目六　人物後附事略

黃鉞　徐如翰廷玠廷珨　徐艮棟　趙仲相履光

陳宇　趙孟周　徐觀復　李懋芳浩然

周夢尹　徐人龍　顧景元　陳拱宿

顏日愉　陳仕美　王誠　陳光遠

徐景麟　陳維新　姚衍禮　曹大道

徐國泰　徐至美　倪元珙　倪元璐會鼎會宣

會稔　范日謙陳一亮　曹同德　徐一誠繼科

俞汴　陳重光　趙德遴　徐復儀

顧旦　陳明遇　顧勳陳梧　陳祥麟張奇翊陳庠

陳泓　郭振淸　王元暉知介

明三

賈大亨字貞甫嘉靖戊戌進士授行人奉使出入惟箬笥砂罐自隨轉北御史初巡遼劾退巡撫總兵不職會虜猖獗新撫未涖大亨與新總兵設法圖勝斬首二千餘級繼巡盧鳳淮陽拏巨惡貪吏悉治以法案巡遼事據家傳增又明史河渠志時野雞岡決鳳陽沿淮州縣多水患議徙五河蒙城避之而臨淮當祖陵形勝不可徙大亨請敕河撫二臣亟濬碭山河道引入二港以殺南注之勢卒用其言案今河渠志作巡按御史賈太亨太是大之誤　復歷按湖廣河南風節懔如卽鄉曲不庇河南有卞姓者坐誣大辟爲

辨出之卞以厚貲陰謝峻郤之時苗蠻不靖上疏請撫得旨詣軍前撫苗散兵全活甚衆據家傳增撫苗事歸田以所遺產與弟均分人高其義萬歷志

姚翔鳳字夢禎鏜之孫嘉靖壬辰進士少有文行先正潘府器重之初任兵部主事奉職亡害每暇輒讀書如儒生歷官至行太僕寺卿免歸傾貲購奇書益肆力於著作乞言者踵至隨應就里八觴弈不爲崖異年七十七卒著有疏注庭傳餘生近記蘿東拙稿祀鄉賢萬歷志

陳佐字敬甫由鄉舉爲銅陵令見嘉靖甲午選舉表嘗振饑弭盜治

聲大起會權相嚴嵩使者誣漁舟爲盜張其事於巡撫業恚舊誤作恚佐又力白其無辜則滋恚康熙志作忤上臺意遂列佐不職免歸佐素性淡泊讀書課子之外無他好三十餘年如一日有萬石家風萬歷志

陳絳字用揚據陳氏譜佐之族兄弟幼岐嶷不凡讀書過目輒成誦姚江謝文正遷見而器之登嘉靖甲辰進士授樂平令弭盜禮士俱有成績遷工部主事督器皿廠省費以萬計或謂以所省緡錢疏聞否則以儲公用絳曰吾不以是博名高如前官何大司空吳鵬移牒銓曹欲久任絳竟轉刑部

正郎治城旦書暇則手一編佔嗶若儒生以考最出守彰德有吏李祐藉郭侍郎勢盜帑金以自肥絳廉知之卽抵之法忤郭意移青州絳殫心力爲理直指屢以材賢薦竟以侍郎齮齕不行僅循資調蠻前兵備蠻前極邊勢甚孤危絳至繕隍堡立屯營終其任虜不敢闌入撫按咸依以爲重在蠻前五年不得調丁外艱歸服闋始以宿望不能終扼一歲間三遷至左布政使尋擢光祿寺卿未任轉應天府尹乞休歸著有金罍子以徙居金罍山麓因自號焉

萬歷志

參家傳

陳縉字用章嘉靖癸丑進士幼以文藝著名而儀度嚴雅操履端莊人望而敬之伯兄紹守韶州病歿縉方困諸生體又素弱間關數千里往迎其喪撫訓遺孤俾成立任兵部主事出鎮山海關甫至寇闌入縉多方備禦遂引去已遼左大饑發義倉繼以常俸爲粥餔之仍遺書撫按請開海運以濟御史以其議疏聞得行暇則課衛學諸生以文且念衛學廩者徒寄虛名爲處膳粟士皆賴之晉刑部郎中病作乞歸卒於途未竟其用人咸惜焉著有蒲州集其所經畫具見集中萬歷志

徐維賢字師聖少受易於族祖子俊嘉靖甲辰登進士任工部主事監沽頭閘設義倉搆鄉學皆有司所不及者時妖寇紅羅亂將及沽惟賢募義兵備之寇聞遁去轉刑部員外郎遷四川按察司僉事丁憂服闋補河南鎮頴上（嘉慶志作補河南按察使司頴川兵備道僉事）值倭夷劫掠移扼盱眙裁防禦事宜甚備擢湖廣參議分守承天景藩之國所過校豎倚勢騷擾惟賢繩之以法羣下斂戢進四川憲副撫土獠以恩信獠人畏懷陞貴州參政改廣西遂乞歸事繼母楊不異所生以祖父遺產讓弟閒與故老徜徉溪山中蕭然若忘世

累年七十八卒著有五橋集據張瀚撰墓銘趙錦撰傳萬歷志曾孫承清字晏公據家傳增諸生篤學好古純孝性成值父病刲左股母病復刲右股親沒悲號每逢辰節廢食哀泣康熙志著有鐵治集豪素草管溪記　國朝順治中　旌表嘉慶志家傳

謝讜字獻忠作獻中康熙志才華俊逸嘉靖甲辰進士授泰興令泰興嚴邑宰其地者多不得善去讜築來鶴亭建柴墟公館樂與賢士大夫遊未及考罷歸傍蓋湖築白鷗莊於荷葉山中惟著述吟詠爲事閒爲樂府不入城市者二十餘年晚歲邑令以賓禮敦請始一二至篤於友于不問生人

產以故家中落有海門集草言行世萬歷志泰興縣志族父燿字元驊早歲能詩學於馮雪湖得其奧力宗少陵騷壇推重嘗遭盜誣訴以詩理官稱賞釋之每攜朋放艇蕃湖中縱酒高歌人稱月湖先生補稿據家傳增纂

金柱字國楨嘉靖癸丑進士除高安令以勦巨寇周馬三功調江陰江陰近海島前令以倭反被刑柱至未浹旬倭圍城四十有九日柱堅守晝奇大破之斬首千餘級自是倭不敢南向有保障祠碑召入爲兵部郎柱平生剴直不能與世依阿會忤墨相遂出廬州教授尋遷裕州守招撫流移

二千二百餘家墾荒三千五百餘頃捐俸配耦給牛種麥歧兩呈州人立祠祀焉歷蘇郡丞濬百川以通江水塞巨浸以遏衝潮萬民永賴詳王世貞七浦碑略隆慶初陞廣東僉事古田獞韋銀豹數反廣西巡撫殷正茂命總兵俞大猷征之銀豹窮令其黨陰斬貌類己者以獻捷聞改古田爲永甯州設副使參將鎮守未幾杜捕得銀豹正茂自劾詔磔銀豹京師改廣西副使平樂府江南北五百里兩岸崇山密箐賊巢盤互自嘉靖間張岳破平後復猖獗巡撫郭應聘與征蠻將軍李錫議討之徵兵六萬令參將錢鳳翔等各

將一軍以桂與鄭茂及僉事夏道南監之破賊巢數十獲酋楊錢甫等悉授首時懷遠猺尤熾戕縣官馬希武等督撫震恐桂帥兵壓境上擒其首傳檄四十八洞帖然歸化復置州縣官凱奏加三品服俸沐三朝恩詔乞歸終養日夕承歡以孝聞桂素性廉介居官二十餘年所存不過圖書嘗自言曰吾以清白遺子孫而已居鄉三十餘載杜門養貞義不苟合惟閭里冤抑正色敢言略無阿避年七十九卒士民流涕至立碑肖像以志不忘明史殷正茂李錫傳廣東通志萬歷志

潘清亶字懋誠嘉靖丙辰進士初任休甯令休俗雄貲健訟清亶嚴絕請託廉得其情必反覆曉諭令氣折心平嘗建樓課弟子員文風丕振如浙右轄范淶其最云休故無城清亶力任之城成而倭至無恐休甯縣志有惠政得民和祀休甯四賢祠已未召拜御史奉命總屯馬屯額皆中貴勳戚所割據清亶釐正之會疏劾掌院者奧援事遂出爲湖廣僉事轉參議時衡永土夷倡亂清亶撫攝而定年四十餘引疾歸未幾卒萬歷志

張承賚字艮甫髫年能文父早世事母以孝聞撫幼弟爲

授室弟夭復撫其孤如子以遺產畀之時承賚尚爲諸生人以爲難年四十始舉於鄉又十年成進士任松江府推官松江爲徐相階湯沐里承賚不激不阿階亦雅重之無何召擢南京刑科給事中上治安四事世宗嘉納之卒以言事無忌拂大臣意外補江西僉事分隸九江道甫一歲值籍嚴嵩產贓不及數議欲貸兩司贖鍰足之承賚不可折之以義忤使者適議裁冗員遂以九江道報當詣部改選承賚曰吾老博一第乃復磬折人前乎遂歸高卧不出居鄉三十年澹然寡欲質直不欺年八十七卒家傳參萬歷志○家

傳嘗讀書西郊有美婦乘間挑之承賚嚴拒婦愧卒改行自潔鄰有搆室者陰竊承賚隙地或告之曰於我無大損已矣其人慚謝

鍾穀字心卿號百樓天資聰穎過目成誦嘉靖辛酉領鄉薦壬戌成進士外艱服闋除刑部主事晉員外郎貴州司郎中秉持大體議獄多平反出守池州嚴保甲擒巨奸振荒饑宣揚黃侍中觀靖難錄立祠置產善政纍纍旋陞臨清兵備副使濬閘運道漕受其利忤權貴歸里居三十餘年陶然自適年七十二卒子廷英官中翰康熙志

謝師嚴字汝心登嘉靖乙丑進士授武進縣知縣武進自

兵燹後百姓凋敝奸蠹交據不知財賦積逋不問富者一典庫藏掌賦役立至摧敗師嚴厲精求治廉得其故革縣總殛豪民力搜奸蠹不得倖貸無名之費一切捐除當積翫後一時震懾行二年政清弊革盜賊賭博亦爲衰止會朝廷遣御史閱實郡縣錢穀吏胥所至索賄師嚴不能堪白之御史御史怒反疏劾之奉旨勘問時已轉工部主事上下皆知其枉百姓伏闕爲請當事者劾於御史久之始白送部調用抵家暴卒毘陵賦役之清甲於江南皆其力也祀名宦萬歷志引武進縣志子偉號學菴性英敏以經濟自期萬

歷壬子登賢書司諭臨安六年淸潔端方多士欽服擢廣東新興令省徭緩科弭盜明刑敷政一如其父五載奏績士民德之建祠祀焉陞四川敘州府同知歸里卒祀鄉賢康熙志

陸汝大性純孝早失恃繼母待之少恩汝大曲意承歡不色喜不已至老孺慕不衰授新興縣丞案廣東通志作嘉靖三十九年任新興縣主簿有惠愛聲捐俸葺學青衿懷德子鯉官南雄府同知嘉慶志見萬歷志封蔭鯉孫宏詒字開之穎悟過人藻豔追二陸髫年游泮性孝友丁內艱悲哀不已遂淡於進取蒐羅鴻祕

校讎古今著有名山集稿藏於家康熙志

黃之璧字白仲生而秀穎不凡清虛高潔畫史會要作字仲白工詞章書畫名重當時會有家難游秣陵寄食逆旅借書巨家涉目不忘操顗成篇一揮輒妙遂以天才譟江左或衣緋袍曳文履嘯傲山水間遥望見者疑是仙人在公卿座上時矯首抗論有所當意輒大呼曰千秋千秋人號之曰黃千秋西甯侯宋世恩掌樞留都兄事儀部屠隆見明史屠隆傳引之璧爲上客三人相與定交尋被謠諑屠罷官之璧爲長歌一章七律四章贈行慷慨跌宕氣雄萬夫遂東歸寓虎林杜門謝

客輿到棹扁舟獨往夷猶西泠南屏蒼翠間日暮乃返善臨池落筆縱横變化若神有乞書者未嘗厭倦儀部每稱之曰仙才又曰才品不在宋處士林逋下家唯悍婦以貧故日刺促復游秣陵卒無子有女曰朝陽性明慧幼而奉佛諳内典早夭之壁著有娑羅館詩集據屠隆撰傳

尹壇者吏而能文者也字時敬初習舉業不售由掾吏入銓籍爲郡幕涖官廉潔未幾乞歸不失儒風好古多聞嘗補注會稽三賦萬歷志○家傳任騰驤左衛經歷遷鍾祥縣丞備稿引尹氏譜壇去官歸途見母子抱哭詢是海鹽朱氏子鬻與徽人以銀贖之次年得子

倪紳諸生年二十八喪妻曹遺一女二子皆在提抱母陸年老紳不再娶躬操井臼强爲紉緶以事母女適陳早寡矢志不再醮歸依紳紳貧甚宗黨嘉其節義母歿親負土以葬漸爲子娶婦使女與婦操作自給授徒吳會間二子士道士達俱庠生又俱夭紳年八十竟客死萬歷志○案倪氏譜紳字子縉兩以賢良徵不赴授七品冠帶祀鄉賢與此不同

丁子中號五溪讀書好施萬歷十六年大饑家僅給衣食子中每減省以濟貧遇雨雪輒登臺望突不烟者隨餽薪米一日娶妾至哀泣不已詢知父爲舊邑倅逋糧鬻女郎

遣還不取其値居近山有虎患偶失閉戸虎伏階下子中撫其背意爲犢也虎竟去嘗失足墜水碓不沒若有神助卒祀鄉賢孫進字印趨號甌石博學强記通達治體尤邃於性理之學萬歷乙卯登鄉薦己未成進士改庶常授檢討時魏璫假子撫民僭衣命服入朝進斥之璫怒進與同官陳子壯林釬等六人首摘其奸俱削籍璫敗六詞臣同日召還戊辰進分校禮闈晉左春坊經筵日講官上嘉悅賜金帛癸酉主試江南得士甚盛忤權要歸里時袁崇煥荷大帥任進逆知無成功上疏論之後竟如其言虞與姚

接壤民代姚郵役甚苦進上章爭之詳驛遞志著有性理等書行世子三次樞功武舉康熙志

須有文字南津父母病篤有文夜禱北辰兩次刲股以進病咸愈後父母終泣血三年廬墓六載虎爲之守戶萬歷丙午卒縣令胡思伸旌其門並立墓碑人稱孝子墓乾隆府志

陳王廷字本忠嘉靖辛酉舉人萬歷間任萬載縣以賢能考最調瀘溪時邑初建王庭旦夕拮据築城池建公署營學校庶事日新民稱誦之後遷守邳州嘉慶志選舉表兼建昌府志

徐龍德字思成三齡喪父奇頴異凡兒自幼善承母訓夙

夜敬共母丁氏守節遭族窘噬指自誓時慘然不懌龍德泣慰曰有藐孤在自能砥礪以悅親志遂甘貧力學文冠諸生食廩二十餘年數奇不第瀕貢而卒子震官大理以祖母節孝特疏詔旌其廬贈龍德中大夫咸稱天道厚報云著有葩經講義理學奥旨完玉稿等書康熙志

顧充字仲達一字回瀾父吉諸生篤學善文和易端亮恆以不愧形影爲訓充好古績學尤邃於史隆慶丁卯薦於鄉任鎮海敎諭兼攝定海弟子多樂其敎萬歷戊戌大司寇蕭大亨攝樞筦以充總司廳務相見恨晚聲望愈蔚名

流推服終南京都水司郎中著有字義總略古雋考略歷朝捷錄大成行世據備稿引捷錄大成序兼采寧波府志

陳汝忠字藎臣家傳楠之族兄弟子素嫺韜畧隆慶丁卯舉武闈辛未成進士授錦衣衛千戶轉北平鎮撫司萬歷壬辰哱承恩寇陝隨大司馬石星督兵進勦斬俘無算全陝救平陞都指揮未數月虜乘虛入粱山汝忠從容畫策虜聞風遠竄陞五軍府後府都督僉事會妖書事起被逮下獄多方磨折有慰之者汝忠慨然曰大丈夫心地明白縱寃死亦奚憾後赦生光誅復職未幾進光祿大夫前府都督同知

汝忠孝親慈衆處昆弟無間言仲弟汝孝亦以武第授參將會貴州苗民騷擾汝孝總兵約束鎮撫得宜苗民安堵進五軍府都督僉事加榮祿大夫銜一時里黨稱二難云嘉慶志

汝璧字玉如家傳汝忠族兄弟博學負奇登天啟甲子副榜時魏閹用事浙撫潘某承意建生祠四方效尤官虞者集士議於堂衆推汝璧居首璧厲聲曰吾欲效蓼洲故事詎畏矯旨被逮哉卒寢其事嘉慶志

石有聲字拱辰萬歷已卯經元歷知館陶瑞金等縣以循良稱陞南昌府同知時土寇肆掠有聲勦撫有功推陞高

州府知府是歲南昌大旱竭誠步禱行烈日中遇疾未及赴任卒合郡戴德肖像以祀次子元忠以禮經中萬曆乙卯經魁康熙志

陳繼疇字師洛父旦嘗以孝經小學授繼疇曰是可終身行之者繼疇登萬曆癸未進士任泉州推官迎養曰汝苟無枉法郎遺我以安矣人比之陳仲弓繼疇居官善承父志丙申知泰興縣政績懋著有倭警城不堪守疇建敵臺四十一座五門各置鐵葉柵有急可施箭礟旁甃以磚石復濬城外濠皆深廣自是有備歲旱爲文禱神得雨修學

宮輯邑乘開河築墩捐俸賑饑民皆利賴之據嘉慶志兼泰興縣志

徐鄰字德徵其先詩書易禮代有聞人獨無業麟經者族父學詩案舊作伯祖今據家傳擇宗人之俊者授之每撫鄰頂曰成吾志者爾也萬歷壬午果以麟經舉於鄉勒其坊曰五經科第謁選得徐州適歲饑發倉煮糜所全活十餘萬人稅璫陳增作威福鄰抗不爲禮悉裁供役且惕以禍福璫怒甚鄰操清潔無所黷徐州府志萬歷二十年知徐州愛民禮士未旦即起視事一郡稱治遷鳳陽通判盜相戒毋犯直指賢之陞保寧府同知致仕歸卒年八十有三子宗孺入龍康熙志

宗孺原名朝龍號南高

萬歷丙辰與弟人龍同榜成進士授河南陳州廉潔寬厚暇集紳士於書院講學勿輟三載文教蔚興刑清訟簡陳以大治陞工部員外郎卒於官康熙志人龍別有傳宗孺族兄弟子宏泰字君開博學能文登萬歷己酉鄉薦教授於巢月校文字無間撫弟遺孤以慈愛稱著有觀瀾集義經注疏楪蓍草嘉慶志宗孺從姪孫邁字日斯生四歲喪母逢人泣索母嗣父嚴卞數答之事之益謹嘗懷金奉生父歸以告則又答之逡巡曰生父貧且老兄病姪幼歲饑脫不幸將爲大人憂嗣父爲動容同母兄與從弟遺孤皆竭力

撫之經紀其室人有犯者不校嘉慶志

徐爾一原名憲龍字善伯學詩孫登萬曆戊子鄉薦任分水教諭陞四川長壽令調繁江津時奢氏反藺安氏反水西而江尤巖邑藺酋盜魁皆江邑亡命其黨隱聚郡城爾一發奸摘伏狡徒斂跡先後上書當道巡撫朱燮元閔洪學尹同皋俱以國士遇與謀機密好推轂英俊如文臣熊廷弼武弁毛文龍皆所許重廣寧兵潰廷弼保衆入關廷議棄市傳首九邊文龍孤懸海外督師袁崇煥尤嫉之借題禁海圖陰絕餉道爾一擬草疏訟二人寃會崇禎元年

行取赴部當事懼多掊擊補工部主事益上書言事疏有大臣不言小臣言之句痛陳廷弼寃明史熊廷弼傳載疏略曰廷弼以失陷封疆至傳首陳屍籍産追贓而臣考當年第覺其罪無足據勞有足矜也廣寧兵十三萬糧數百萬盡屬王化貞廷弼止援遼兵五千人駐右屯距廣寧四十里耳化貞忽同三四百萬遼民一時盡潰廷弼五千人不同潰足矣尚望其屹然堅壁哉廷弼罪安在化貞仗西部廷弼云必不足仗化貞信李永芳內附廷弼云必不足信無一事不力爭無一言不奇中廷弼罪安在且屢疏爭各鎮節制不行屢疏爭原派兵多不與徒擁虛器抱空名廷弼罪安在唐郭子儀李光弼與九節度使同潰自應收潰兵扼河陽橋無再往河陽生待思明縛去之理今計廣寧西止關上一門限不趣扼關門何待史稱慕容垂一軍三萬獨全亦無再駐淝水與晉人決戰之理廷弼能令五千人不散至大凌河付與化貞事政相類寧得與化貞同日道乎所謂勞有足矜者當三路同時陷沒開鐵北關相繼奔潰廷弼經理不

及一年俄進築奉集瀋陽俄進屯虎皮驛俄迎扼敵兵於橫河上於遼陽城下鑿河列栅埋礮屹然樹金湯令得竟所施何至舉榆口關外拱手授人而今俱抹擲不論乃其所由必死則有故矣其才既籠蓋一時其氣又陵厲一世揭辨紛紛至攖罪怒共起殺機是則所由殺軀之道耳當廷鞫被勘被逮時天日輒爲無光足明其寃乞賜昭雪爲勞臣勸

臣疏上適莊烈新立恐有熊無以爲邊臣警不許復與韓相國言相國亦請詔還其首歸葬既而搆文龍者衆且疑有不臣心爾一復以四不可解二不必守三不可守詆闒寃用兵失計甚以三子一孫保文龍不爲逆二年崇煥卒殺文龍在工部三載疏凡七上後崇煥敗出爲權荆關尋轉員外郎未踰年告歸結廬西山超然物外會王監國

擢爲光祿寺少卿不起丁亥西陵軍潰扼吭而絕年六十九著述數十種總名曰夢巖狂燼賜祭龍川鄉人以祖孫能直諫羨之（康熙志兼徐自任撰傳）子言達字君上天啟辛酉鄉薦崇禎癸未會試副榜曾藩監國授行人正不赴築精舍方山題曰隱圃著有驚塵燼燕游詩草（嘉慶志）言近字君遠增廣生幼奇穎善屬文隨父京邸大學士來宗道器異之以爲館甥甲申後不復進取偕兄讀書方山下足不涉園著有時務權書（康熙志）

唐藩字翼明萬歷戊子鄉薦耿介廉直廣記洽聞授贛州

府推官贛繁劇下車除船稅剔奸弊讞決精明有許姓生四子後妻獪艾與所私謀訟前子許不能制欲以死白子冤懷揭自縊撫院側前官疑子不孝致父縊留獄屢詢不決藩疑四有冤因密訪詳鞫得後妻與所私狀並抵死雪四子冤治贛三年咸誦神明卒於官無餘貲士民哀思建祠祀之康熙志

唐萊字翼朱諸生操履端方究心理學餼滿應貢不就鄉黨高其行四方從游甚衆日與講學於太平精舍撫按旌其廬曰太平清隱康熙志○案藩字翼明萊字翼朱當是兄弟行故合傳

黃鉞（廣東通志作越今從明史舊志）字長白少有奇氣弱冠備弟子員經史諸子過目不忘尤喜讀陰符素書熟輿圖精兵法文戰不捷棄繻學劍萬歷辛丑武科第一人（舊志作癸丑誤）任廣東潮州參將陞廣西總兵癸丑春挂平蠻將軍印旋命爲貴筑大將軍時貴州賊安邦彥犯普定總督蔡復一遣總理魯欽與鉞分禦之鉞及參政陸夢龍以三千人曉行大霧中直前薄賊大敗賊蔣義寨與魯欽合追至河斬首千五百餘級搜山復斬六百餘級邦彥勢窘渡河西奔鉞督諸將長驅織金斬首復千級窮搜不得邦彥乃班師生平功績

甚偉歷官南京左都督僉事晉太子太保兵部尚書少孤事母孝事伯兄赳如父祿入悉周宗族解印南還家金陵年七十八卒據江寧縣志兼家傳廣東通志參明史蔡復一曾欽陸夢龍諸傳

徐如翰字伯鷹祖子麟於諸孫中獨愛如翰以爲吾家千里駒見康熙志子麟傳十歲應童子試郡守富奇之年十三補弟子員登萬歷丁酉鄉薦辛丑進士授行人遷工部郎督治泰昌母后陵羨緡數萬籍數以聞擢寧武道移山西兵備道適總戎與巡撫不協如翰和解之疆圉以安會閣臣方從哲趣楊鎬進兵敗績如翰聞報痛甚草疏劾從哲以越

職言事罹不測左光斗救之削籍歸熹宗初起天津兵備道河間爲魏璫桑梓地璫以一歲九遷邀之如翰峻拒璫爲母建坊諛者欲列如翰名不可璫母喪亦不赴弔璫恚甚御史梁夢環附璫劾如翰復削奪津人遮道泣留莊烈登極起陝西參政與邊帥曹文詔督兵勦流寇所在殺賊廷推巡撫江北引疾歸卜居山陰蕺山之麓與陶石梁陳元晏諸人稱稽山八老著有忠孝末揚疏檀燕山詩集祀府鄉賢康熙志家傳兼劉蕺山撰傳　子廷玠字元度承清白之後克守先志孝友聞於鄉侍劉宗周陶奭齡講學於證人書院甚

見推許崇禎辛巳歲大饑鬻產賑濟全活甚衆嵊邑饑復同陳際春設法拯救得免流移配陶望齡女善事舅姑精通書史姻黨推爲女學士嘉慶志兼浙江通志乾隆府志弟如龍子廷玲嘉慶志作蛤誤字蜃度諸生博學篤行戊子冠警奉母入郡城依兄廷玠居踰年歸隱居終身撫孤姪膳孀姊工詩兼善醫著有內經注解鍼灸大全地理纂要鹿溪集宗集溪西集嘉慶志兼浙江通志

徐艮棟字國楨號涵素萬歷丁酉舉人辛丑進士任南京刑部主事鞫獄仁慈尋轉工部榷荆關商旅便之出知廣

西潯州府丁內艱起補青州所至有惠政陞廣東惠潮副使以平劇賊陳萬鍾靈秀功賜金褒賚晉四川按察使致仕歸居家恂恂被服如寒素以亢旱祈禱步行烈日中感疾卒子景行原名鴻儒壬子科順天舉人任山東德平知縣康熙志兼家傳

趙仲相字愛堂幼端凝若成人性至孝父母有不怡多方將順務得歡心博貫羣籍弱冠補廩由貢歷諭遂安獲鹿教士以先器識後文藝巡按特薦陞廣東樂昌縣知縣樂昌有獘俗所鬻產雖數易主新令至必訟仲相下車首鏟

其獎民感德之凡訟牒多勸諭遣出毋鍰囹圄闃然三年政成乞休民餞送至數十里家居老益恭雖遇窶賤無忽夏月未嘗裸袒訓子孫必動作中禮年九十六卒子三皆有聲庠序宋醇尤至性過人色養無間治家有法以世篤孝友稱孫履祥天啟丁卯鄉薦仕蘇州府同知履光字日含髫齡穎秀弱冠登崇禎庚午賢書出漳海黄石齋門下深加獎重石齋客吳越從游論文甲申後息心仕進優游泉石歲祲節家人衣食爲粥糜以飼饑劬著有下里吟子庭峙庠生有文行〇康熙志履光自爲傳今併入履元履慶俱庠生履辨應以明經

入仕不慕榮進樵戶著書康熙志○康熙志履光同祖兄弟十八皆以文學名於時

陳宇字大啟號巽屏邦瑞族弟博學負奇萬歷庚子登賢書授興化令多惠政廉明稱最會揚郡蝗江都儀徵泰興諸縣食禾皆盡未幾入興化境宇跪祝曰令有罪寍死令食令肉毋食禾災我民禱甫畢大風驟起蝗即退飛郡守異之薦調上元令時上元亢旱三月不雨宇下車篛笠草履赤日中走百里祈雨龍潭甫歸大雨如注穀乃登直指上其績於朝陞刑部主事斷獄多平反有疑獄司寇必委以詳讞刑無冤抑以病歸卒於家祀興化上元名宦嘉慶志

趙孟周號泰寰孝友天篤操履方嚴淡於榮利萬歷癸卯領鄉薦講易著書於南園游其門者多名流丁未成進士授江西南豐知縣將赴任忽無疾而終梁湖士人有夜行者見行車襍沓燈火熒煌如郎官赴任狀衆皆奇之相傳孟周爲南豐神焉○康熙志

徐觀復原名顯字徵之號一我少穎異髫年即領袖虞士萬歷己酉鄉舉庚戌成進士性剛直所至發姦擿伏勢臨之不少動初任順德知縣以爭十九人冤命與通判忤勘築沿海圩崖執不改拆與三邑豪貴忤清查久冒沙隄與省紳忤不徇童生之屬與館紳忤詰責横肆兩承差與制

院忤繼仕仙遊以改被占之寺田三百畝與義學與封翁某忤捕姦拐逃匿之神棍與中書某忤枷革挾勢騙示之皋牙與郡守忤拏不關會擅拘之狡差與僚友忤憤劫院質道之逆璫出揭與被劫被質者忤後遷池州推官平反寃獄不啻數十人若辟一殺人父子之商生則府縣代爲出脫者也辟毆殺舉人之豪猾則十年拘之不得者也其守正執法如此然撫恤良民勤問疾苦三任有司片紙出入必親經不假他人手鑑士極精待士以禮去仙之日百姓遮道不得前易日潛發始獲出境旋擢刑部主事改兵

部轉禮部柄國者知其名將大用之觀復見魏璫漸横且
毋老遂告歸毋歿結廬太平山墓側爲終隱計自命林下
一人著有拙鳴甘拙拙癖學獨宧獨禪獨等集据徐如斗撰傳獨往
子自傳
嘉慶志
李懋芳字國華性孝友誠篤萬歷癸丑進士初令興化弭
盜勦奸潔己守正有黠胥進金叱之膽裂埸民某以女私
人自焚其廬覓他屍投燼以女死誣壻懋芳燭其姦叱捕
竊負獲女於所私家邑頌神明歲大旱飛蝗蔽天懋芳潛
禱甘霖如注蝗悉赴水民樂有秋六載奏最擢御史值內

艱旋里服闋入都點差巡靑值魏璫皦張靑厰災璫爲麾救廷臣皆稱厰臣功懋芳獨歸福主上不及璫一字後差蘇松督學吳中搜羅名宿靡遺鄉會得人特盛時周相擅權抗疏論其植黨營私蠹政害民周瞻悸出懋芳南京刷卷尋擢廷尉獄多平反會流寇告警命巡撫山東護漕整旅累建奇功適雨雹報災疏内有小人害君子句又忤溫相劾去之出其黨顔繼祖代撫廷議懋芳去留係東省存亡交章推薦會事迫不果覆踰年懋芳卒於家其族有浩然者號南皐以軍功授杏山所千總崇禎甲申羣寇蠭起

御史金鋐峒調守保定賊至力戰中流矢知事不可爲遂自刎据嘉慶志俞府志兼李氏譜纂

周夢尹字覓維登萬歷癸丑進士知江西永新縣有寃獄前官莫能讞決夢尹至立爲湔雪邑頌神明後以賀某巫蠱事權貴欲陷死者十一人夢尹執不允竟罷歸起補南陽府推官內轉刑曹歷兵部職方郎時邊備積弛勅夢尹巡視九邊未幾大司農以兵餉不支議加江南浙閩田賦夢尹力爭之爲當時所忌出補廣西平樂道時八排猺賊爲亂身履行間六閱月悉平遷廣東惠潮道時汀潮南贛

流氛肆毒踞九連山爲心腹虞撫檄湖廣江西惠潮主客兵十萬討之有土寇陰爲窟宅作賊向道夢尹先計密擒而連山劇賊以次平定遂會同撫按於九連山相地形建縣鎮平州連平展疆五百里以功晉階四級忽以大計鐫官夢尹母年八十方乞終養聞命怡然就道戊寅再補鄖襄道鄖襄流氛出沒夢尹日夜防剿多所招撫又以大計去官閣部楊某疏留監七省兵夢尹知事不可爲堅辭乞養歸據廣東通志職官表崇禎五年夢尹任左參政又明史張繼孟傳張獻忠陷成都四川僉事張孔教不屈死副使周夢尹疏請䘏典皆舊志所未詳夢尹於錢穀兵刑瞭如指掌第不倚

門戸屢起屢躓居鄉閒政有不便於民者言於令無隱年八十五卒著有磯公履歷康熙志○案履歷下有三字漫漶不可詳長子祖唐自有傳

徐人龍字亮生鄉之四子萬歷丙午以麟經魁鄉榜丙辰與兄宗孺並成進士授工部主事榷荆關商人德之督學荆岳得人稱最嘗以武備爲念故事學使者僅止義陵凡義陵以南辰沅柳靖諸地皆就試無按其地者人龍毅然請往每度一關必相度形勢及度辰龍關徒行盡得其要害後勦臨藍積盜預知險易以是也遷湖南參議時魏閹

當國決意終養家居十二年撫按上章交薦服闋乙亥分守嶺北道有惠政祀名宦以舊城庳隘寇屢陷遂增拓贛南五城遷蘇松兵備道按察司副使會郴桂賊起上命兩廣江虔會楚合勦舉邊才卓異檄人龍監軍時沅撫陳某首議撫人龍曰兵未動而遽議撫此示弱也必厚集兵威摧堅陷險力足死之而後徐以情生之陳善其言遂斬賊酋冬保等以徇乃揚言暑不興師俟秋而前六月二十一日天雨夜晦冥忽下令三鼓入牛矢寨賊不虞兵至大潰諸寨膽落先是文吏輕武弁人龍在虔首擢游擊謝志良

參將董大勝引之後幕計治盜事脫所挂寶刀以贈志艮至是志艮大勝遂自效乘勝連破數寨七月與楚兵合八月與粤兵合至九月凡破寨三十八生擒賊帥十有八斬級萬餘俘獲無算捷聞遷五昌道晉參政特賜召對疏譏時政與楊嗣昌忤會議邊事嗣昌議增兵内防人龍謂有進禦而無退守畫宮而守之是欲閉臟腑而棄榮衛也嗣昌怒人龍復上疏力言驅之室中不若拒之門外其利害難易相去甚懸拜右僉都御史巡撫山東歲饑題免積逋銀四萬七千兩蠲本年租增修昌邑濰縣諸城改築平度

州爲石城孔兵引高麗船至旅順鳴鼓告急入龍密檄津門山海之爲犄角者令標將佘國祚預貯火筒以焚其船至夜襲破之賜金五十兩御扇八柄特簡兵部右侍郎甲申推戸部尚書三月抵淮聞國變慟哭草檄討賊中外感激宏光時馬士英兼本兵入龍仍爲副語侵士英且極言安置四鎭之非士英惡之使御史何綸論入龍耄失拜舞儀勒致仕時年六十九會王監國起工部尚書閩中建號起武英殿大學士皆不答以耆望居家捐貲置祭產廣宗祠杜門卻掃者七年卒著有守虞經略留虞紀實監勦隨

記諸書康熙志兼毛奇齡撰傳子咸清自有傳

顧景元號繼陵早歲家貧致力詩書從掾錢塘渡江舟覆而景元獨全如有神護繼遊京師習吏事意不屑益肆力於古文辭素精騎射與山陰謝宏儀齊名謝曰我家貧難待希讓我決魁是科謝果遜元而景元於次科萬歷壬子中武舉明年膺首選山東王司寇持其策示人曰有此識力即文士曷以過初除湖廣僉書都司陞北京參將調神機營値魏璫肆虐楊左諸賢罹毒因杜門養晦年七十二卒據顧氏譜

陳拱宸字居所由勇士入伍授紹興本營外委陞把總千總征太湖渠寇有功累擢廣東閩粵漳潮南澳總兵晉征蠻經略大將軍崇禎初征海寇李魁奇陣亡嘉慶志○案新陽縣志作陳拱崇禎元年任新安參將征勦海寇李魁奇與康熙志選舉同

顏日愉字澹長別字華陽康熙志作字陽華初名洪節顏氏譜瞌之孫萬歷癸卯舉於鄉嚴毅有守初任河南盧氏縣崇禎初除知葉縣有政聲爲上官所惡劾罷部民爭詣闕訟寃乃獲敘用後爲靜甯州知州州東西爲猓玀巢窟恃延慶賊爲犄角日愉至嚴哨探備芻糧躬臨絕壁大戰洛水斬首百餘級五

戰五捷一夕延慶流賊千餘突集城下日愉談笑指麾昧爽發矢中伏賊遁去總兵曹文詔驚曰州大夫能空城郤敵我輩滋愧矣甘肅通志會囉賊反日愉馳請固鎮五道兵合勦而先率敢死士數人陽為招撫乘賊不備遂引精兵陷賊營賊倉皇失措斬首數百級天明五道兵繼至復大破之靜寗安堵遷開封同知攝鄭州汝州商水澠池滎陽新安西華永城襄城諸縣撫恤瘡痍所至得士民懽陞南陽知府南陽為秦楚要衝時流寇猖獗日愉大治守具人心稍固辛巳五月張獻忠破泌陽日愉登陴巡警日夜不休賊驅精銳萬餘乘夜半大雨城上火炬盡滅薄而登日愉奮力迎擊殪其二渠諸

軍咸榕鬮搖斬殆盡河南通志日愉同指揮王汝璋分堵守望奮勇殺賊餘賊引去城獲全日愉頭項被兩刃手中數矢死城上時年六十九康熙志作賊衆擁至日愉被執至死罵不絕口事聞贈太僕寺卿賜祭葬蔭一子巨偉入監乾隆四十一年　賜謚忠烈祀忠義祠康熙志嘉慶志兼明史顏氏譜殉節諸臣錄〇顏氏譜子巨瑋庠生以父死節哀慟而絕無子以弟巨光子嗣

陳仕美字君實號龍明家居樸誠具經世略萬曆已酉登賢書崇禎辛未知山左齊東縣涖任兩月惠政洽民會有援兵之變旁縣咸被焚掠哭聲相應仕美率丁壯走境內宣言齊民無爲動遇有擄掠者爾村民悉力聲援予亦前

來應接悍卒知各村有備惡仕美之害已也欲遮道擊殺之民聞信即環集白仕美聽驅使遂日夜巡視如是十日民氣百倍悍卒知官民固結罔或逞乃相約太息去司憲索仕美重貲不獲誣以失陷律而緹繫之旨下民哭載途有欲謀奪仕美者仕美從容就道元舅博平郭侯故齊籍也齊民赴都者千餘環侯門白其冤侯乃率齊民伏闕上疏廷臣矜疑其獄卒以權相比司憲得殊死罪訃至齊民皆奠泣並建祠肖像祀之嘉慶志

王誠字東寅沈潛經史初任寍夏衛經歷補大河衛經歷

值河漕糧艘損以千計誠董修理不閱月而竣擢邳州州同時淮揚大水黄浦八淺白洋俱決直逼泗州議疏導不一詔御史大夫潘季馴總理河道并出帑藏留漕八十餘萬金知誠才檄爲襄理誠條上所見建官舍河上日夜趨督踰年成土石堤建減水閘若干費不過五十餘萬以餘歸水衡由是江淮間兩堤綿亘八百餘里不復南決且便轉運耕桑誠之力爲多季馴疏薦通判東昌府三年署郡篆年餘更攝高唐臨清二州聊城茌平二縣所至案不留牘獄無冤詞由兩淮運同致仕卒年八十有六第六子世

功別有傳據王氏譜兼采訪冊

陳光遠字域維通詩書兼究孫吳韜略父必極客極邊因仗劍北行以錦衣衛籍入北學中京衛武舉時北人攻借籍者遂更名六奇選舉表作陳詔改名光遠明崇禎元年授廣東博羅縣典史丁內艱起河陰縣尉時河北流寇猖獗當道以尉由武舉改途特舉督卒民兵八百屯鴻溝且練且守城賴以全後因漕糧被累免官據補稿纂○補稿案李瑤繹史陳六奇字鳴鸞龍江衛人萬歷戊午舉人復知南甯縣城破死是否一人俟考

徐景麟字豹璧幼聰穎年十三補弟子員以詩經領萬歷

戊午鄉薦丙未成進士性介而和授福建松溪令眞切愛民松溪地僻以譬解決民事毀刑具不用奏最陞大理寺評事恤刑北直多所平反轉建甯知府惠愛一如治松溪適湖南鄖襄盜横城邑不守擢景麟副使分守其地登陴防寇適監紀陳瑺兵至疑爲賊爇礮殺其前隊遂誣以反繫獄踰年鄖人設櫃捐貲爲赴京擊登聞鼓訴寃獲釋歸里康熙志

子遠條字實蕃父繫獄遠條走京師上書訟寃得釋値山寇爲亂執景麟去復從艱難困苦中百計出之一時鉅公名人爲詩紀事嘉慶志兼家傳

陳維新字湯銘號赤城英敏過人萬歷乙卯領鄉薦天啟壬戌成進士以館選限於格補兵科給事中轉工科時魏璫專恣中丞楊漣發其奸備羅慘毒維新入垣郎上十當斷疏指斥忠賢璫深憾之維新應推福建主考特點陪推不用會寍錦告捷晉太僕寺少卿三殿告成再晉副都御史莊烈立國是更張諸臣起自廢籍各立門戶借口摧殘維新又上國議不容紛囂疏大約言三案定論慈孝已光青簡琬琰長垂白日時爭三案者皆出維新亦以例出遂被遺歸里虞邑水東注形家言巽隅羅星墩風氣攸聚維

新捐貲新[illegible]延亭其上又修葺衢路減糶賑飢鄉里多受其惠居諫垣時有上大司農爭免越漕書見文徵著有文園集荒政輯要康熙志

姚衎禮字筵初猿臂有勇力崇禎初由武舉授山東自在州游擊指揮僉事陞定海總兵赴任經遼東東寕遇賊連戰破之賊設計引入山谷伏兵斷其後矢石交集沒於陣賊平獲屍傷九刃十三箭詔贈將軍謚忠勇據補稿引姚氏譜

曹大道號仰泉遊京師爲部掾吏考滿授江西樟樹鎮巡檢力倘清惠初樟鎮多水患大道度其高下請大吏添築長堤民德之名曰曹公堤爲立祠以祀擢王府贊善崇禎

十年卒於保[𡨥]之柏林據補補

徐國泰字心湯居黎𡵸起武試除保安守備領戍僅四百叉他調崇禎甲戌七月　大兵躡薄城國泰呼居民入保火藥不繼乞於知州闓生斗不應遂大困　大兵登城猶率民巷戰勢不支驅妻女十三人入井中詳見列女己乃升屋騰躍赴鬭過漢壽亭侯祠見學博馬承圖率諸生草降拉國泰與俱國泰斥之遂羣噪焉拔刀欲自刎左右持之觸石躍入井死倪文貞撰節義傳事聞予卹賜節義成雙楔康熙志武職作贈參將世襲總旗諭祭

國朝乾隆四十一年　賜謚烈愍祀忠義祠嘉慶志見浙江通志

徐至美字承君少孤孝事母以文生應武科登崇禎甲戌進士（案選舉表依通志府志列四年辛未）授杭州羅木營守備遇奇荒煮粥濟餓者陞湖廣操捕都司涖任甫一月張獻忠圍武昌至美分守黃鶴樓一帶率兵晝夜力戰被重創死贈懷遠將軍長子福謙邑庠生　國朝乾隆四十一年　賜謚烈愍祀忠義祠（康熙志嘉慶志兼家傳）

倪元珙字賦汝涑弟涑之子萬歷戊午舉於鄉天啟壬戌與同祖弟元璐並成進士任祁門令以能移歙時魏璫擅政告密蠭起歙奸僕吳榮訐其主吳養春擅黃山利數十

年及諸不法狀詔捕養春遣工部主事呂下問乘傳籍其家下問暴橫掩捕四出衆積怨憤一夕鼓譟斧部使門下問踰垣走百姓擾亂元珙單騎慰諭乃定下問怒無所洩歸獄元珙忠賢復遣許志吉馳歙督贓志吉尤無賴元珙不爲禮據法爭之志吉恚甚會忠賢伏誅元珙以治行高等入爲御史首疏訟黃山之獄下問志吉俱抵罪出按江西以御史攝兵事勦平粵冦捷聞賜金優敘復以御史督學吳會凡三年吳才盡出甲於天下吳之君子以爲三百年來學使未有如倪公者會復社起太倉陸文聲求入社

不許詣闕訴其鄉官張溥張采朝廷大怒欲重創社中士下所司元珙以屬兵備參議馮元颺元颺盛稱溥等元珙據以入告言諸生誦法孔子引其徒談經講學互相切劘文必先正品必賢良實非樹黨文聲以私憾妄訐宜罪闍臣以元珙蒙飾降光祿寺錄事元珙雖貶官心痛時事上疏規切執政又言今閣臣分曹擬旨無主名得逃責請各疏名得因事考核俞旨特著爲令閣擬疏名自此始遷行人司副治益邸喪畢歸里病卒元珙儀狀頎碩望若神人推誠見心腑與元璐同時立朝聲稱赫亞康熙志兼文貞撰行狀參明史

馮元飈
張溥傳

倪元璐字玉汝號鴻寶性奇敏五六歲卽能文詞作牡丹賦父涷取視謂終不落人後萬歷已酉鄉薦天啟壬戌成進士改庶吉士授編修冊封德府移疾歸丁卯出典江西鄉試命題譏切魏閹會思宗踐祚忠賢伏誅得免禍楊維垣者逆奄遺孽也上疏並詆東林崔魏崇禎元年正月元璐上疏曰臣見在廷章奏攻崔魏者必與東林並稱邪黨夫以東林爲邪黨將以何者名崔魏崔魏旣邪黨矣擊忠賢呈秀者又邪黨乎哉東林天下才藪也大都樹高明之

幟或稱太過刻持論太深謂之非中行則可謂之非狂狷不可且天下議論寍假借必不可失名義士八行己寍矯激必不可忘廉隅自以假借矯激爲大咎於是彪虎之徒公然背畔名教決裂廉隅頌德不已必將勸進建祠不已必將呼嵩而人猶且寬之曰無可奈何充此必也又將何所不至哉乃議者能以忠厚之心曲原此輩而獨持己甚之論苛責吾徒亦已悖矣未復言韓熂文震孟當用書院當復時柄國者悉魏氏遺黨疏入以論奏不當責之於是維垣復疏駁元璐元璐再疏曰臣前疏原爲維垣發也以

忠賢窮凶極惡維垣猶尊稱之曰廠臣公廠臣不愛錢廠臣知爲國爲民至熊廷弼行賄之說乃忠賢借以誣陷清流爲楊左諸人追贓地耳此天下所共知維垣猶守是說乎維垣終以無可奈何爲附黨者解假或呈秀一人舞蹈稱臣於逆璫諸臣亦無可奈何而從之又令逆璫以兵劫諸臣使從叛逆諸臣亦無可奈何而卽從叛逆可乎疏入柄國者以互相詆訾兩解之是時元兇雖殛徒黨猶盛無敢頌言東林者自元璐疏出清議漸明善類亦稍登進矣尋進侍講是年四月請燬三朝要典言梃擊紅丸移宮三

議闢於清流而三朝要典一書成於逆豎其議可兼行其書必當速燬蓋當事起議興盈廷互訟主梃擊者力護東宮爭梃擊者計安神祖主紅丸者仗義之言爭紅丸者原情之論主移宮者弭變於幾先爭移宮者持平於事後數者各有其是總在逆璫未用之先羣小未升之日雖甚水火不害壎篪此一局也旣而楊漣二十四罪之疏發魏廣微此輩門戶之說興於是逆璫殺人則借三案羣小求富貴則借三案經此二借而三案之面目全非故凡推慈歸孝於先皇正其頌德歌功於假父又一局也崔魏諸奸始

創立私編標題要典以之批根今日則衆正之黨碑以之免死他年即上公之鐵券又一局也由此而觀三案者天下之公議要典者魏氏之私書三案自三案要典自要典臣謂翻即紛囂改亦多事惟有燬之而已帝命禮部會詞臣詳議遂焚其板侍講孫之獬忠賢黨也詣閣大哭天下笑之時元璐屢疏爭時事蕭山來宗道笑曰渠何多事詞林故事但香茗耳時謂宗道清客相公云二年四月遷南京司業右中允四年進右諭德充日講官七年進右庶子上制實八箴曰閒插部曰繕京邑曰優守兵曰靖降人曰

搤冠餉曰儲邊才曰奠韃轂曰嚴教育又上制虛八策曰端政本曰伸公議曰宣義問曰一條教曰慮久遠曰昭激勸曰厲名節曰假體貌其端政本悉規切溫體仁伸公議則詆張捷薦呂純如謀翻逆案事康熙志作戊辰經筵日講陳制實制虛十六策上黏之屏間出入省覩與此年干支不符捷上疏力攻元璐疏辨帝俱不問八年遷國子祭酒奏陳造士八議元璐雅負時望位漸通顯帝意嚮之深爲體仁所忌一日帝手書其名下閣令以履歷進會誠意伯劉孔昭謀掌戎政體仁餌孔昭使以冒繼配封事攻元璐遂落職閑住同里尚書姜逢元侍郎王業

浩劉宗周咸陳其實體仁意沮所知以去位弔元璐曰六年陟屺七疏陳情非荷人言何緣予舍知者宜賀奚弔爲旣歸名益重天下求文字筆楮者得其霏絮如貧子之拜金璧十五年九月詔起兵部右侍郎兼侍讀學士以母老疏辭甚力已聞畿輔震驚徵兵入援元璐乃長跽告母遂毁家募士號召義旅將三百騎銜險出濟北（康熙志作數十騎）明年春抵都陳制敵機宜帝喜五月超拜戸部尚書兼翰林院學士仍充日講官祖制浙人不得官戸部元璐辭不許因奏曰必使臣當有三做一實做先準餉以權兵因準兵

以權餉則數清而用足一大做凡所生節務求一舉而得
鉅萬毋取纖嗇徒傷治體一正做以仁義爲根本禮樂爲
權衡政苟厲民臣必爲民請命奏未終帝褒歎曰卿眞學
問之言根本之計乃叩首謝帝眷元璐甚五日三賜對因
奏陛下誠用臣臣請得參兵部謀帝許可當是時馮元飈
爲兵部與元璐同志鉤考兵食中外想望治平惟帝亦以
用兩人晚而時事不可爲左支右詘既已無可奈何故事
諸邊餉司悉中差元璐請改爲大差兼兵部銜令淸核軍
伍不稱職者即遣人代之先是屢遣科臣出督四方租賦

元璐以爲擾民無益罷之而專責撫按戶部侍郎莊祖誨督勦寇餉憂爲盜劫遠避之長沙衡州元璐請令督撫自催毋煩朝使自軍興以來正供之外有邊餉有新餉有練餉款目多黠吏易爲奸元璐請合爲一帝皆報可時國用益絀朝臣多以礦砂楮幣之說進元璐力爭其不可請開贖罪例且令到官滿歲者得輸貲給封誥帝從之先是有崇明人沈廷揚者獻海運策元璐奏聞命試行以廟灣六艘聽運進月餘廷揚見元璐元璐驚曰我已奏謂去矣何在此曰已去復來運已至元璐喜帝命議歲糧艘漕與海

名年行為十月兼攝吏部事陳演忌之風魏藻德言於帝曰元璐書生不習錢穀元璐亦數請解職十七年二月年譜作正月命以原官專直日講奏撤桑穰中官思宗御經筵元璐講樂只君子節畢因諭曰今邊餉匱絀壓欠最多生之者衆作何理會元璐對曰聖明御世不妨經權互用臣儒者惟知守誠之道藏富於民耳不引謝去明日思宗召輔臣諭曰從來講筵有問難而無詰責昨日偶爾朕之過也先生每宜救正朕仍傳諭講官照常啟沃毋生避忌時賊逼畿輔元璐陳守禦遏援之策又請命靑宮循宋康王故

事撫軍南出以鼓東南之氣未報三月五日賊勢日急元璐謂所知曰今無兵無餉無將無謀人心瓦解然吾心泰然以上初無失德豈有如此聖英而一敗塗地者但近日舉動多手忙心亂吾受恩深重無可效者惟有七尺耳十九日都城陷元璐整衣冠拜闕大書几上曰南都尚可爲死吾分也勿以衣衾斂暴我屍聊志吾痛遂南向坐取帛自縊而死年五十二案舊志不詳年歲今据黃道周撰墓誌銘生於萬歷癸巳推之得此數銘載文徵賊至相戒勿犯羅拜而去南都立詔褒忠烈第一贈少保吏部尚書謚文正任一子金吾世襲　國朝賜謚文

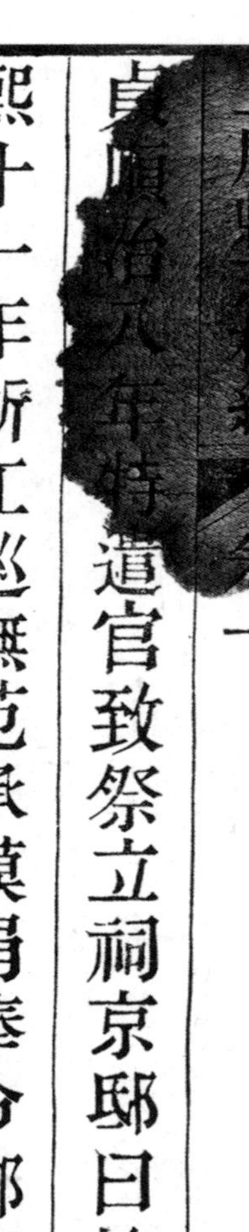

貞順治六年特遣官致祭立祠京邸曰旌忠春秋祀焉康熙十一年浙江巡撫范承謨捐俸令郡守張三異營葬事康熙志嘉慶志兼明史年譜子會鼎字子新一字無功幼侍京邸中貴人望見儒雅請接席語會鼎念父方奏撤宦官亟謝去時才十四齡也黃道周謫官道出越州養痾衣雲閣會鼎從之受業晰性命之理務經濟之學文貞殉國難時鵝結奔喪潛約壯健數十輩散布討賊之檄於豫魯間令各驅僞官逐土寇以應扶柩歸福王召襲錦衣職不往史可法寓書勸之謝曰今在朝則具盧杞秦檜之奸在鎮則萌王敦

李懷光之逆公大臣也支持半壁若某則棘人耳其敢以燕雀處堂負明訓哉唐王立閩中道周薦其有用世才改授兵部職方郎中固辭道周貽書曰僕以足下好學深思不敢蔽賢匪遽謂束帶彈冠居然錦稻也卒不拜且以地蹙民離上書唐藩謂今者僅以一成一旅之資申畫郊圻然無食無兵揭竿斬木之衆卒皆市井白徒其視宋之祥興相去幾何今文武如水火自一二正人外無可倚者盍遣使婉約通誠或得休息境內萬不可則亦如虞賓之奉唐祀無餘之守越封耳議未納而唐藩且召道周引兵趨

婺源會鼎方病卽力疾上書略言用兵之道必求萬全今方略規模一無可恃而率烏合之弱卒輕於一試誠不知其可也　王師定全浙會鼎念祖母大耋母王又屢欲以身殉杜門奉養不敢頃刻離康熙十年　詔舉山林隱逸有欲推轂者會鼎曰某少嬰喪亂今得稱聖世逸民亦幸矣文貞殉節時家貧不能營葬

世祖章皇帝恩旨褒卹且錫墓田會鼎春秋享祀必率子姪炷香北望叩頭而後入家廟母年九十餘會鼎年亦七十衣皆不純采初道周死事會鼎方以病寓徽慟哭持弟

子服爲合斂金陵寄櫬僧寺膠州高宏圖絕粒越中爲權殯於雲門山其後皆得歸葬華亭陳子龍淸江楊廷麟皆文貞高弟會鼎訪問遺孤力致周邺歲在辛壬間蕭邑西江塘壞會鼎請按畝輸課合山會以助蕭復命子運建董其工自麻溪至褚家壇延袤四十里保障屹然晚歲鍵戶著述取三通條貫之采大學衍義融以論斷勒成一編曰治格會通凡二百七十餘卷又著明儒源流錄二十卷古今疆域合志越水詹言其詩古文詞別爲集浙江通志家貧有山陰令持兼金百兩以資會鼎三返之卒年九十有七祀鄉賢乾隆府志會鼎弟會稔

字子年博通今古不慕榮利著有滿聽軒詩文集從弟會宣字爾猶諸生性孝友父元瓚病劇刲股以療年八十餘猶手不停筆善八分書著有經史綱目二百卷蘭亭備考杜詩獨斷恆園集若干卷倪氏譜○案會鼎會稔會宣俱國朝人以文貞親屬當合傳仍列明

范日謙字裒生英姿博學爲黎博菴首拔士精研周易善古文詞聲重一時倪文貞見其文驚曰吾國安得此人延爲子師甚嚴敬之應以明經入仕高蹈終康熙志同時陳一亮字石窗有聲庠序研精理學從游日衆所造多知名士

居家孝友臨財不苟著有眞知篇覺知篇劉宗周羅心樸陶崇道皆心契之其族陳諟字天明著有詩文集張溥爲之序文斗字雲生著有五經悟本金匣總篇柘枝顛想夜明詩集士章字起潛著有養志力行孝括眞知諸篇注有昆侖策倪文正聞雷集劉念臺聞風集康熙志　嘉慶志

曹同德字同野事父大化曲盡孝養李府志作事祖盡孝疑誤與兄元生姪之參一門友愛尤好義時虞邑官塘傾圮案通志作塘圮數百丈同德捐貲修築甃以石積數千丈悉成坦途行人頌義遇歲歉作糜廣賑全活無數家凡四舉鄉飲高邑令之蕙

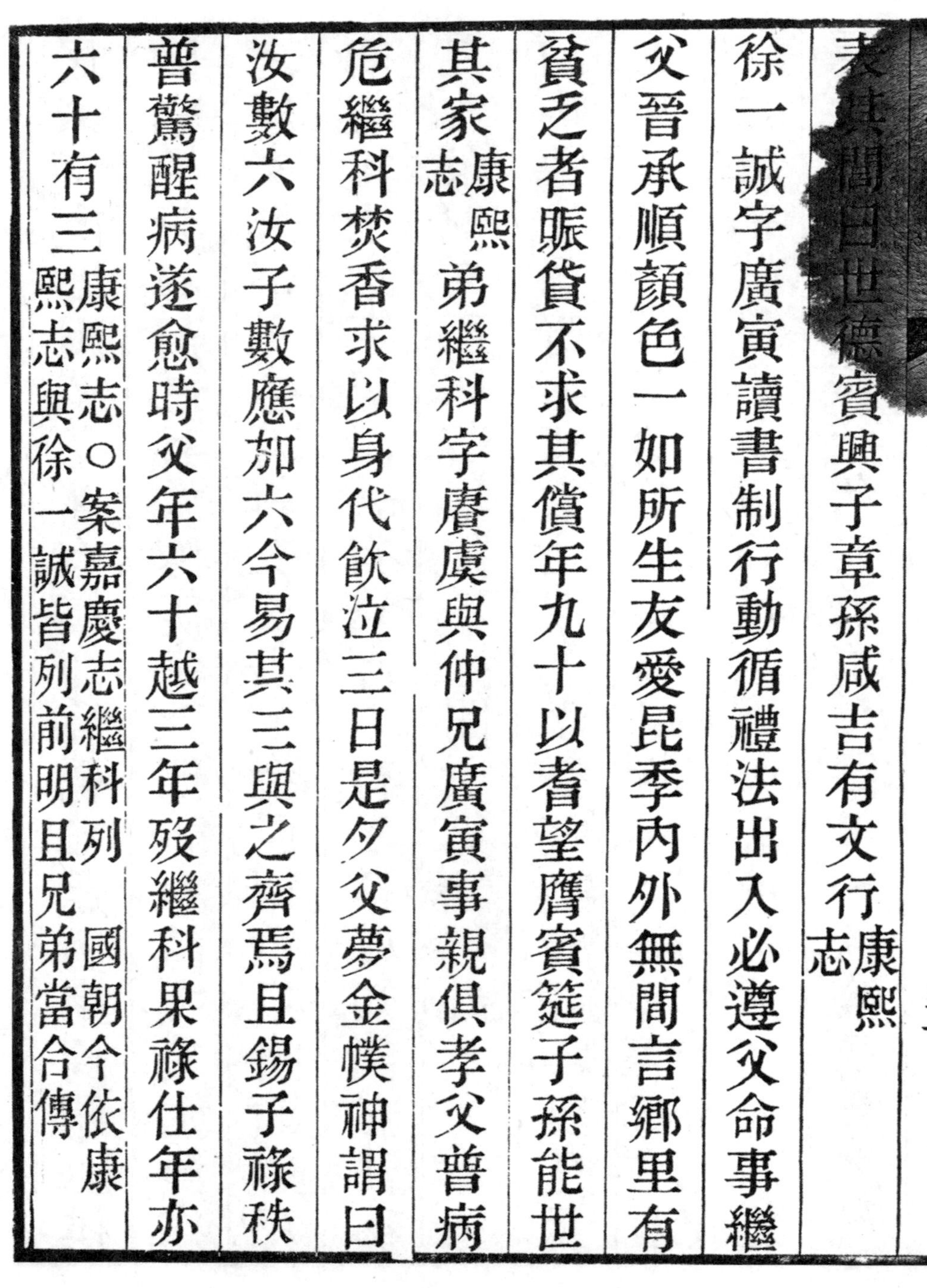

表其閭曰世德賓興子章孫咸吉有文行康熙志

徐一誠字廣寅讀書制行動循禮法出入必遵父命事繼父晉承順顏色一如所生友愛昆季內外無間言鄉里有貧乏者賑貸不求其償年九十以耆望膺賓筵子孫能世其家康熙志　弟繼科字賡虞與仲兄廣寅事親俱孝父普病危繼科焚香求以身代飲泣三日是夕父夢金樸神謂曰汝數六汝子數應加六今易其三與之齊焉且錫子祿秩普驚醒病遂愈時父年六十越三年歿繼科果祿仕年亦六十有三康熙志○案嘉慶志繼科列國朝今依康熙志與徐一誠皆列前明且兄弟當合傳

俞汴字紹南性孝事繼母金如所生父患痰疾夜不能寢汴以身支父背而抑搔之終夜不著枕經久弗替父病劇汴籲天刲股以療後父私與百金汴假父命呼姪輩公分之妻吳繼妻蔣俱克孝崇禎間潮洪江塘歲大饑汴捐金賑濟郡守王表其閭曰仁孝康熙志○案嘉慶志列○國朝

陳重光字而新生而奇偉虎項駢脅聲若洪鐘讀書至忠孝事輒慷慨悲歌年十六天啟改元邊境多事兵戈日起乃盡讀風后握奇俞戚二將軍圖陣諸書習劍擊騎射走京師歷居庸宣太凡西北要害罔不周知會洪承疇總制

三[illegible]光獻[illegible]平陽承疇用之賊趙四兒就擒辟重光中軍守備六年同張道濬擊賊陽城設伏三纏凹斬其魁生擒賊首滿天星巡撫許鼎臣奏陞中軍游擊尋署太原參將時蔡懋德撫山西見重光軍容嚴整器之與參軍應時盛侍爲腹心以平五臺交山等寇疏其忠勇善戰得士卒心陞眞定參將十七年陳氏譜作十六年二月李自成陷懷慶疾趨眞定中軍將何載與知府邱茂華降賊劫總督徐標殺之重光急馳至賊已入與賊巷戰斬首數百力竭自刎死從兄同方字旭颺官京營都司京師陷亦不屈死時稱陳

氏雙忠云嘉慶志○案陳氏譜未詳同方死事

趙德遴字公銓案省志作德麟錢塘人天啟甲子應天鄉薦崇禎庚辰任四川東鄉令一作梓潼邑隸夔門爲賊淵藪德遴糾兵備具彈力守禦者六年乙酉四月賊圍城城上礮弩齊發多中賊賊夜由地道入勢不可支挽印望闕再拜投井死家屬殉者十七人尉王佐收骸井中獲佩刀衣履殯西郊

國朝乾隆四十一年　賜謚節愍祀忠義祠子振芳字胥山以從征有功官新都知縣奉骸骨歸後爲建寍府同知

康熙志兼

嘉慶志

徐復儀字漢官家傳惟賢四世孫居下管崇禎癸未進士家居聞京師陷慟哭誓討賊福王立南都授刑部員外郎案治逆臣罪有能聲出典雲南鄉試未至而南都破時人心洶洶復儀講賓興禮如故夜謁黔國公使陳兵衛以鎮撫之土夷不得逞順治乙酉閏六月唐王立起翰林院編修丙戌八月

大兵下福建復儀幅巾草履走千里歸辭父母妻妾獨居山中日誦離騷或從危崖躍下一日風雨慟哭投谷中死目尚張父承寵持其首哭之乃瞑 國朝乾隆四十一年 賜謚節愍祀忠義祠嘉慶志○案此與越殉義錄同起編修余增修撰墓誌銘徐自

任撰傳均作改翰林學士辭不報其殉節事不一説墓誌與殉義錄相同大淸一統志亦云投空谷死或云扼吭死徐撰傳謂與父母訣遂祝髮二里許外己丑冬將歸省忽風雨晝晦斃於麓隅茨棚下徐承淸撰雪潭姪行狀云試滇歸抵閩大擾隻身覓僧舍不納祝髮始有留者久之習行腳歸鄉皆與此異今附錄之

顧旦字君輝初授四川永川丞攝縣篆崇禎甲申流寇蜂屯旦倡義固守生擒僞將何湛元等城賴以全陞銅梁令獻賊環攻城旦堅守數月糧盡援絶城陷被執不屈死弟冕子簡範扶櫬歸　國朝乾隆四十一年　賜謚節愍祀忠義祠康熙志兼嘉慶志

陳明遇一作[illegible]崇禎末授江陰典史居官以長厚稱乙酉南

京亡列城皆下閏六月朔諸生許用倡言守城遠近應者數萬人明遇主兵用徽人邵康公爲將與前都司周瑞龍泊江口水師相犄角戰失利　大兵逼城下徽人程璧散家貲充餉而身乞師於吴淞總兵吴志葵志葵至璧遂不返康公瑞龍戰皆不勝明遇以兵事屬前典史閻應元守甚固東平伯劉良佐用牛皮帳攻城東北城中用礮石力擊良佐移營十方菴令僧陳利害良佐旋策馬至明遇與應元誓以大義屹不動及松江破　大兵來益衆四圍發大礮城中死傷無算猶固守八月二十一日　大兵從祥

符寺後城入衆猶巷戰男婦投池井皆滿明遇與許用皆舉家自焚　嘉慶志作守城八十一日城破下騎搏戰應元遂被殺身負重創握刀僵立闔門赴火死應元赴水被曳出死之乾隆四十一年　賜謚烈愍祀忠義祠嘉慶志兼明史閻應元傳○高岱字曾瞻世居瀝海所幼孤以教讀奉母及嫂崇禎庚午由武學生舉順天鄉試曾王授爲職方主事紹郡陷郎紹絶粒或語之曰爾未有豫讓之知何必死曰此身若僅酬知己則經義誰與撑持初猶飲水旬餘不得死心疑水中有參液并絶水又五日卒乾隆四十一年　賜謚節愍祀忠義祠子朗先赴偁江死附祀見嘉慶志參李府志案府志據明史作會稽人○王翊字完勳由縣吏贊熊汝霖起義歷官兵部職方司郎中錢塘兵潰遁居四明山部數萬人爲聲援計魯王駐舟山遥授兵部尚書兼僉都御史督兵五年戰輒勝辛卯六月大兵至翊將走天台至奉化之小晦亭居民縛以獻翊作絶命詞[illegible]弟某不屈死曰是眞不負完勳家口爲文

以殉[illegible]磔縣首西門乾隆四十一年　賜謚烈愍祀忠義祠見嘉慶志兼越殉義錄案府志作餘姚人今均附注

顧勳字碩功會王時晉伯爵江上兵潰守嚴州全家死陳梧字膚公官都督僉事定遠將軍嘗奉命西征擁兵蛟門辛卯九月　大兵下舟山死之嘉慶志

陳祥麟性樸行篤英年力學聞甲申都門之變鬱鬱不伸遂廢食忘寢悲歌號泣整冠北向服滷卒備稿引張奇初康熙志

聞李自成陷京師欲自殺時全浙猶奉明朔宗黨止之及大兵渡江遂遁去不知所終嘉慶志

陳庠字泮鬢善屬文

慷慨有大節甲申鼎革後坐卧小樓不復下親朋莫能見凡五閱歲而卒門人題墓以干支紀年女孫妻謝璜守節不奪死海寇之難據補稿增

陳泓字澗八先世宋參軍都護袞字嘉言登宣和庚子進士扈蹕南渡愛楊家溪山水遂家於虞蕃衍十三支世以上虞半邑陳稱之泓明季邑庠生博涉羣書與倪會鼎友善尤留心經濟之學屢膺房薦值祚遷絶意進取究心伊洛而與人和藹不露圭角從者不以爲迂苦善行草其文章風誼多方之唐李白宋蘇軾云卒年八十六著有性理

戹言二卷周易衍義三卷詩注刋補三卷爾雅補注一卷槃嘯詩文集各十二卷據桐城劉大櫆撰墓表補纂

郭振清號霞賓常熟令南之後由歲貢入都謁選倪文貞聘敎二子時文貞膺眷獨隆人皆爲振清慶振清曰使吾以交翰林故得美選天下其謂我何不受選後任奉化錢塘敎諭値歲饑白上臺振濟復申貧士册給庠士之貧者不敷捐已俸繼焉甲申聞國變率諸生慟哭先師廟遂發喪數日挂冠歸　國初邑令邊勝算欲以賓禮見辭不出强之至中途返甲午卒於家著有毛詩章解魯鄒參紱諸

書各章解地理千金求等書據俞得鯉撰種月軒遺草增

王[元]暉字六維任四川新津縣少尹流寇擾近津邑[元]暉召鄉勇守江口賊知有備旁掠而去督撫檄津軍糧萬餘限日解省縣令無措爲措辦至省未幾同官激成民變民不犯[元]暉署攝縣篆有殊政年餘民肖像爲祀種月軒遺草作官縣尹三年擢知廣東廉州以母病告歸不入城市己亥春霪雨族弟知介謂七鄉已無豆麥如再旱暵何[元]暉與俞得鯉等創爲列姓分巡法病劇猶條畫井然湖水得不洩後果五十六日不雨農田賴之續行不替知介原名介字石如

生平以古[illegible]自期喜購異書怡情山水子四俱命耕亦通經史著有海樵野錄幽閒筆記等書據采訪冊兼種月軒遺草增

附事略案舊志選舉兼詳事實嘉慶志列入表中於例未安今改附列傳其前志傳語無多者併列焉

三國蜀魏賢虞忠稱於無名之中終有遠志正統志

宋嵇琬翰林穎之曾孫先爲應天宋城入通判衡州奉祀歸屬病命子書五福二字誦皇極終篇而逝康熙志

王介字萬石家孔堰學博行修司教臨海天台並有聲正統志

余元老字壯猷通覽百家詞章優贍爲後進模範年八十餘卒子茂良不減父風正統志

王泗字本通有高誼時元方混一泗獨不從俗或以違制譏之遂結茅大嶼山終身不入城市補稿引王氏世紀錄

元陳仁壽字景禮應詔寫金字經乾隆府志引孔行素至正直記

明王誠甫釋褐郎論天下事勸上以正心誠意親賢遠佞稱旨擢監察御史備稿選舉　鍾霆字伯震以通詩登進士後學賴之正統志　趙怡穀事通時宜德及里閈洪武間表爲里士年登耄耋縣宰致禮正統志　張九容洪武時授山東參政勸學重農宣布德意六郡戴德以事謫除典史未幾復京官張氏譜　車儀字義初洪武戊午簡拔高才生

特奏名進士主天官文選郎事坐連胡黨籍沒遠邊據謝肅送歸京師序兼車純始祖廟記

趙本純號芸軒性樸茂善古詩箴銘正統志

徐顒字仲昂宋侍御銓八世孫從交山王廉學元末領蕭山教職不任有詩曰成玩稿年八十從弟仲穆善琴爲杭庠樂師正統志

柳南字南仲襟懷簡曠有晉人風度善吟詩著有南軒稿年八十四卒正統志

吳昌趨操長厚著作沈雄萬歷志

葛詡任沅州訓導學問淵深拜監察御史陞湖廣僉事有廉幹勤能之譽萬歷志

趙篆居家以孝謹聞出仕以汲引後學爲己任萬歷志

袁鼐爲敎授

善化誨人士類彬彬日起萬歷志張鑑字廷昭任潁州判官調通州居官清介卒於任著有復菴稿張氏譜丁宜民理之所在不爲勢屈法之所加不爲私阻隱西燕塘著有康山詩集祀樂平縣名宦方孝孺修縣志吳齊以顧問稱旨授長沙知府文學政事並擅其長萬歷志張九功由臨海訓導調宜春教諭所至多所造就永樂乙酉科典河南鄉試有聲薦修永樂大典著有樗菴集張氏傳范升博學篤行優於詩文歷任建甯會昌教諭乞歸自號宜休萬歷志吳旭菴貫六經三與典試萬歷志鍾炫正已率人多士

蕺藿志　王瀹六上春闈成化間通判寶慶有兄弟爭產者諭以至情皆感泣各讓所爭歸之學宮備稿　錢嵩博學負奇姚虞稱大戴禮宗名士多出其門與王華王珣王鑑之費愚輩爲金石交選訓導陞教授萬曆志　孫景雲知玉山縣以廉能稱政績懋著卒於官萬曆志　范塤鄖城知縣以擒流賊功知汝州有四邨戰捷圖劉校爲之記萬曆志　張健教授以文行稱著有槐東集萬曆志　唐艮心居家孝友由訓導陞教授教士先德行萬曆志　謝鳴治英敏以易名家子師成師嚴皆登第萬曆志　胡景華爲諸生時

力田養親及宰邑三徙皆以廉明稱去後無不尸祝祀鄉賢萬曆志

范璉授樂會訓導咸寍教諭以興起斯文爲己任莆田李長源贊其仕足事君澤足及人職不負身身無忝於親萬曆志選舉

姚九章由州判擢御史公淸廉介有能名姚氏譜

陳和字騰輝博覽經書律己不苟課士有方理縣篆黎民歡呼陳氏譜

陳希周字道明性孝友持己謙默與人寬厚授訓導名士多出其門後陞河南王府教授辭歸陳氏譜

何大化號禹門由萬曆己丑進士官涇州知州會州薄罰務本敦教去之日民爲立祠樹碑補稿

[illegible]生祠永思廟○起記載文徵

上虞縣志校續卷十一

列傳目七人物

王世功哈方鼎新　黃應乾　周祖唐　陳萬林

曹二鳳　袁翊元　謝衢亨　丁寶邦　陳泰交　曹鳩　張自偉

俞得鯉　得鯤　李平　章振宇　俞有章

葛翊宸　唐甡　徵麟　徐元珫　徐增燦　曹之參　謙吉　恆吉

章鼎吉　成惟悌　姚鼎　楊文蔚　恆　徐復　范廷耀　林貞儒

徐驤　宋球　葛延濂　丁廷瑞　張成元　宏訓　宏毅　王全璧

胡元彪　鍈　仁燿　鑰　超然　陳啓麟　俞木

陳文煥　朱鼎祚璘鵬圖　何惟貴　徐旦　陳岸三全義僕

張鳳岐　陳皓瑜詩　韓玉儉雲　徐咸清允定

錢霍　杜淇英　丁鶴　范蘭

鄭平謨　趙完璧震陽　陳步雲　謝寍渙

陳作霖　羅羽豐　謝宗嶽　徐允達自任自信

趙殿最　胡世昌　夏熙　李蘇姚日炎

徐雲祥雲瑞　葉蓁李國梁　陳赤爲　黃肇敏

徐肇楠陳兆成　徐錫川允章夏攀龍

國朝一

王世功字九維誠之子世功幼嗜書慷慨有大志重然諾尚節俠長遊江淮間父卒客燕數年時母弟振遠在山海關爲總戎陳東明器重世功往探之一時人傑劉方輩皆與定交尋抵祖大壽幕爲規畫時務　大兵破大淩河世功隸廂黃旗漢軍會遼左建孔廟置博士世功補弟子員乙酉　特旨召用偕秦端寰等二十人詣闕丙戌授晉州知州甫下車卽葺學宮贍煢獨剔奸弊均徭役盜相戒不入境築滹沱河舊堤數萬生靈獲免巨浸民尤尸祝不衰九閱月行取廣東道御史旋按甘肅等處秦民困漢運千

里陸行世功請以楚糧濟漢中以秦賦抵楚額大吏韙其言兼督臨洮鞏昌學政崇雅黜浮士風一變會涼州差官擄民婦回族殺差官反甘州回俱反世功在蘭州蘭回買燈華亦聚黨鼓噪世功呼至案前責以大義不敢遽發未幾蘭州失世功守鞏昌賊復糾甘肅諸回至適總督孟喬芳來援夾攻之賊死幾盡甘肅臨洮等郡以次復喬芳欲深相結世功違其意以是功不上聞庚寅督長蘆鹽政安竈通商齊雒誦之以拂當路意調金華縣令辭以祖籍越郡不許遂於順治九年八月赴任凡金華府廳公署暨學

宮皆爲兵燬次第葺治之並捐貲修宏濟通濟二橋又給貲七寶寺僧檢埋枯骨不辭勞費其他修邑志清里役革除錢糧火耗禁止餽送百廢修舉士民感服丙申舉卓異特賜袍帽以示褒寵任金華十一載繼升知府以年老致仕康熙志兼家傳張尙撰事略○世功幼弟鎮遠原名洪宰官游擊常入海追叛寇沈子祥捐軀見家傳長子毓麟字遇鳴諸生嘗散金辭榮遄歸子舍亦奇士次汝錦三子哈方鼎新由筆帖式梅勒章京任清流任縣知縣母病刲股和藥以進及卒泣血廢食鄉里稱爲孝子後入京爲郡馬傳據家

黃應乾字元甫由恩貢謁選知廣東吳川縣三載有異政愛民作士翕然向化順治十年七月西寇葉標陷城昭忠祠列傳作順治四年土寇龍泉等謀叛應乾率兵民巷戰兩晝夜被執不屈死之乾隆六十年賜祀昭宗祠世襲恩騎尉嘉慶志兼廣東通志參鄭僑杭世駿撰傳

周祖唐字瑞生居邑之東溪明右副都御史夢尹長子案夢尹傳不言官副憲周氏譜言陞光祿寺卿右副都御史茲故云然由諸生援例入貢隸東安籍皇朝定鼎効力閩撫佟大將軍帳下有功授海澄縣教諭順治四年涖任駐學城城離縣二里許爲商賈海

艦聚泊所學宮在焉六月四日鄭芝龍之子成功破海澄遂擾學城執祖唐至舟中祖唐喻成功曰方今四方一統爾父束身歸誠分也爾復欲何爲不聽逼令改服祖唐厲聲曰我官茲土盜斷我頭肯改服耶成功猶豫未決時海陽縣進士鄭遵謙在旁力勸殺之謙曾倡亂浙東與祖唐有隙遂遇害友人熊雨殷孫碩膚及子夢九收葬於廈門水仙宮旁乾隆六十年　賜祀昭忠祠世襲恩騎尉嘉慶志○案昭忠祠列傳作海寇鄭成功圍城祖唐集鄉勇拒捍誓以死守城陷持大義曉諭賊黎至厦門脅降祖唐大罵賊怒殺之與此微異

陳萬林字行一成童時爲總漕沈淸遠父承泉所器招爲壻長有大志孝事父母依依未敢遠遊終制始挾策上燕都值　興朝定鼎仕蕪湖丞攝縣篆淸刑簡訟招集流離民賴以安督撫交薦陞徽州府佐惠愛寬和民甚德之引年乞歸屬歲歉捐貲施粥通衢全活無算康熙志○嘉慶志列孝友順治初年旌

曹二鳳順治三年夏年才十一偕父明宇兄一鳳臥樓下母與弟三鳳四鳳臥樓上夜半比鄰火延其廬二鳳偕父兄倉皇奔門外覓母不得冒烟登樓母已越窗墜樓下二

鳳乃負攜二弟至梯梯斷至窗窗崩遂同斃次日父覓其屍猶背負手攜堅不可解嘉慶時邑令張德標表其閭嘉慶志以救母死於火者又有袁翊元字羽公父闇卿曾刲股療親翊元通經術康熙甲午適他出母房中火踉蹌奔歸再三突火入負母以出翊元身已焦爛遂投淵衆爭出之無復人形是夜母亡猶蠕動作哀痛狀翌日殞鄉人哀之白於令作孝子里碑邑人朱文紹作傳徵詩嘉慶志兼乾隆府志○案邑令崔鳴玉張德標廣文陳石溪諸以萊張萬傑盛炳章與李方湛皆有詩見嘉慶志

丁寶邦少孤事母孝道光八年四月晦寶邦晨往田間布種家失火急

返不見母問妻曰在樓卽衝燄上負母及梯梯折遂躍而下膚肉焦爛母亦受傷寶邦勉爲人曰吾無救矣能救吾母當含恩以酬言畢踰時歿母卒不起謝衢亭字錦山幼隨父僑居揚州年十八父病危刲股以進小愈鄰家火父臥不能起衢亭突入負父衝烟出父得天年終里黨咸稱其孝皆據采訪冊新纂

陳泰交字日章順治初山寇焚劫父堯仁被擒入山泰交挺身代父父曰寇利吾貲汝速去同死無益也泰交乘夜逃歸鬻家產不足繼以身質錢向寇哀告寇憐其孝釋父

歸不數年海寇又掠其弟泰吉復百計贖歸力耕積貲盡讓諸弟子祥虹諸生刲股療親康熙志兼李府志嘉慶志○案通志依康熙志列前明今更正

曹鳩字羽君諸生父九龍及弟允吉亦被山寇劫執鳩踰嶺涉溪入其營求釋許以數百金贖即鬻產以往寇曰此義士也令偕父與弟歸據補稿引曹氏譜新纂

張自偉字德宏年十二嘗刲股療母順治二年入邑庠庚寅山寇王思二索餉擒其父鳴鳳去自偉追至孤嶺將加刃遂奮臂負父歸寇猝割父首自偉徧求不得慟幾絶夢神以南池告隨往果得之誓報父仇踰年寇赴縣投誠自

偉遇之舉利刃刺中其喉死事聞　詔旌其門康熙十三年入孝子祠康熙志兼家傳通志○案家傳謂後有傳奇者譜霜磨劍行世康熙志作山寇弁繫自偉拷餉不遂殺鳳將及自偉給有金瘞倉下願贖死賊往搜得脫賊怒割父首嘉慶志不詳給金事均列前明

俞得鯉字天赤好古力學有識略凡鄉邑鉅事如巡湖水築海塘團練鄉兵皆悉力肩任之鼎革後絕意進取杜門著述輯有全史簡覽今所存者惟種月軒遺草十四卷據備稿兼遺草新纂兄得鯤智勇絕人戊子間海寇猖獗偕弟淑義團練手殲渠魁賊膽落後聞俞家軍輒奔竄不敢復犯據采訪冊

李平字秩南明都御史懋芳之孫奇穎過人甫成童遂遇

老翁仆橋下驚詢之知爲病憊躬扶至家鄉黨以寬大期之弱冠登順治甲午鄉薦己亥成進士府志誤作乙亥選庶常每遇雙月　御試列館元體癯多病庚子旋里築室雲門究心性理之學學者多造其廬丙午赴京授祕書院編修丁未分校禮闈得士皆名宿時選詞館英敏者居諫垣首擬平以才望簡充

世祖實錄纂修官恪共厥職積勞七閱月病劇卒於官年三十七康熙志

章振宇農家子也柔而善斷不畏彊禦有豪宦耳其富備

僕騎數十貸金振宇曰我與若不相習貸我者噬我也叱家人縛之上御史其人哀求乃釋之順治戊子山寇宣岳等沿郁索餉不與者火其屋振宇集丁壯數千人拒之前後數戰斬首無數由是寇遂屏息撫按上其事　詔旌之振宇曰吾惟與戚里相保何功之有不拜後壽六十郡守劉表其門據補稿引種月軒遺草

俞有章字紀方寄籍錢塘順治丙戌舉人乙未會試副榜授淮安推官發奸摘伏善於平反舊例漕艘過淮官吏卒受餽遺有章不受遇有犯繩之以法軍不敢漏弁不敢漁

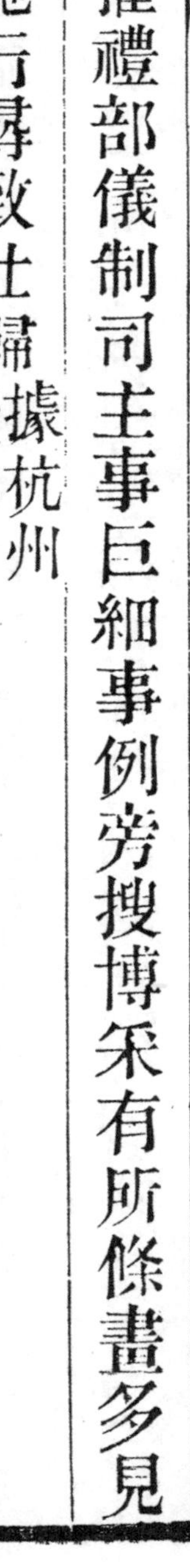

擢禮部儀制司主事巨細事例旁搜博采有所條畫多見施行尋致仕歸據杭州府志

葛翊宸字紫衡工詩文善琴順治辛卯由拔貢廷試一等授句容知縣歷任靈陽泗水濠上都梁諸邑卓有政聲以臨淮蠹胥高鼎假冊陷害罷官羇旅白下三年緼袍糲糗淡如也著有金陵偶詠客心草嘉慶志兼詩集序○案家傳作戊子拔貢府志作恩貢知縣

唐甡字樂生周歲喪父事大父北疇母呂以孝聞善屬文兼好施與遇貧困捐貲以濟親族有逋糧者鬻產代輸之

康熙志子徵麟字公振登順治丁酉鄉薦選府教授未赴任丁母憂哀毁異常喪葬盡禮性方嚴當時縣官法制未備錢穀刑名得以意爲輕重猾吏因緣爲姦自徵麟居鄉皆憚不敢發邑之利病必爲縣大夫言之有不可必力爭康熙甲寅鄭令僑聘修邑志服闋補處州教授訓士先實行而後文藝數月間士風丕變時三藩爲逆同郡姚熙止督師處州徵麟故人也且嘗以事德徵麟謂曰大丈夫當效命疆埸立功萬里外苜蓿寒氊豈足了一生事業耶今國家多事需才甚急公爲吾往督諸路餉徵麟感其意遂督

餉盜郡曉夜兼行冒寒病卒徐曾燦字旭如貢生工古文辭鄭令僑亦聘修邑志其族元玹字蒼偕明進士景麟之孫副貢博學工詩著有粵游集嘉慶志

曹之參字明卿諸生明義士同德兄弟子生而英奇童時兀岸如成人稍長爲文千言立就負笈者屨常滿積修贄頗豐公諸兩弟不析產創建阜李湖四斗門悉甃以石郡守張三異聘修府志固辭不可少與沈文奎共筆硯沈以大司馬督漕淮上屢致書欲一面不往年八十五卒子謙吉恆吉據補稿引曹江集增謙吉字吉士歲貢生皓首窮經能詩與

從叔章倡和至老不衰據曹氏譜兼觀瀾集序恆吉字可久力學工
詩古文詞海内名士爭與交游嘗設帳蘭芎山福仙寺中
以紫陽爲宗論文悉遵先正遠近學者多請業別號曹江
一時競傳曹江門人著有曹江集嘉慶志章字雲鶴同德子
見康熙志同德傳諸生性好山水以書畫自適耿逆之變以事歷
甌閩歸築觀瀾堂於湖畔又嘗往來天台赤城入躋棘闈
淡然若忘著有觀瀾集曹謙吉觀瀾集序章從子鼎吉字國器康
熙壬子舉人爲文力追先正尤沈酣於左氏著有春秋四
傳纂要嘉慶志

成惟㥏字友于順治中由貢任廣西臨川縣知縣後改授浙江都司陞湖州副總戎虞邑夫役驛遞二者擾害滋甚崇禎時翰林丁進以虞代姚役曾具疏爭之　國初姚鼎力控得免至里遞科派如故也每一應差中家之產立破康熙二年惟㥏歸自臨川痛私派之害民疊控督撫勒石嚴禁且免衢穀草米虞民永賴諺曰革驛站成友于除夫征姚涵煦涵煦者鼎字也據補稿采訪冊參嘉慶志

楊文蔚其先虞邑人父榮諸生明天啓時隨所親宦上海因家焉康熙六年父年八十七病篤文蔚嘗其糞甘號於

天請以身代不得越十年母痢見血醫者相顧去文蔚痛父死莫救今復然生男何爲也刲左臂肉襍濩汁濩之三濩三進而母病愈又二年上海任邑令廉其事將獎之文蔚泣曰是欲重我以迋德也且予何如人其敢以迋德越典禮固辭乃題其門曰以身壽母文蔚爲人謙和好義人以孝稱之必變色踧踖卻不受每月吉必詣城隍祠禱願減年以益母壽然祕不令諸兄知若惟恐以獨行傷兄意者據嘉慶志兼西河集楊孝子傳纂

徐復恆字子初侍父病臟嘗湯藥閱九載罔倦疾亟籲天祈代刲股以進及父卒居喪盡禮廬

墓三年嘉慶志

范廷耀字南峯諸生甫三歲父以力學咯血死祖母姚母羅皆以節孝旌廷耀稍長孝事二母父殯圮躬自畚土既葬父痛前母陳墓迷所在展父遺墨知葬牛湖山求之久從灌莽中搜得石碣始安康熙十三年盜發聞廷耀名相戒弗犯性慷慨有告貸多寡必應庚午秋澇承母命煮粥賑饑存活百計母享色養四十餘年邑令陶以孝義特旌其門嘉慶志乾隆府志

林貞儒字文源弱冠游庠事母承歡順志與子弟勤學尤好施與見突不舉火者輒捐貲濟之人

亦以孝義稱康熙志

徐驤字天行諸生幼失怙與三弱弟依母嚴守先世詩書性極孝母教甚謹少違禮法卽加箠楚驤受杖不敢辨順治戊子王完勳爲寇奉母與弟妹避郡城舅氏家時欲舉爲監軍固辭還居山陰萬安坊卒年七十一以孫景南贈文林郎曾孫立綱官晉奉直大夫乾隆府志據家傳

宋球字寶尙年十二父病貧甚球欲賣身以療鄰里憫其幼醵錢佽之父殁既葬朝夕哭於墓旁植小松爲鹿所嚙輒隕涕曰爾不念我父蔭庇乎鹿不復嚙弱冠祖病不能

溺球以口吮之當晝夜三次病稍差後習爲常祖又嗜鯉家不能給球每釣得一二八以爲孝感所致嘉慶志兼乾隆府志

葛延濂字宗周事父大年母丁備極孝養康熙十一年父母病劇晨夕虔禱旬日俱愈年皆八十餘卒先後廬墓有靈鳥芝草之祥乾隆元年旌嘉慶志兼乾隆府志

丁廷瑞孝子潛之裔髫齡克事父母家貧爲人牧歲寒凍甚父省之曰何寒至此廷瑞解之曰不寒遂三跼三躍額流汗父病刲股以療壯歲若孺慕鄉黨稱孝子後復有孝子嘉慶志

張成元字大生年十五母王病劇衣不解帶者數月及卒

請於父廬墓三年康熙甲寅父起龍得惡疾成元求醫於嵊猝遇山寇索金不得將加刃泣曰不敢望生第求醫不返是併殺予父也言訖哀號賊感其孝釋之及歸而父已不救呼天一慟嘔血數升復廬墓三年事繼母庶母俱循禮乾隆三年　旌子宏訓嘗出粟助縣賑饑全活甚衆嘉慶志

宏毅字仕可父病百計求禱願以身代不三五日形容憔悴及父卒慟絕勉起營葬廬墓悲號不二年歿乾隆十年　旌嘉慶志見一統志乾隆府志

王全璧字子蒼諸生順治初山寇執其父葵索金將加刃

全璧甫十齡哀求代死寇感其孝釋之父病百計療治寢食不安者十餘載以是孱弱不壽妻許以節稱弟全琮字子璜諸生母喪以父在不能廬墓及父卒廬於墓者六年同時錢崴亦以孝聞並於乾隆三年　旌嘉慶志兼乾隆府志○備稿云府志璧琮作會稽人分二傳不詳其爲兄弟誤

胡元彪字伯文諸生博學工詩文家傳工詩文與陳元暎韓桃平相倡和事父母自幼至白首色養備至親歿朝夕至墓瞻拜哀徹空山虎聞遠避人稱其山爲避虎山一日遇遺金於道守之竟日失金者號泣至詢問還之其人曰公活我一家矣乾

隆十年以孝　旌子有章楨俱庠彥能守遺訓嘉慶志○康熙志元彪列前明

〔元〕孫鏌字聲旗附貢生九歲隨母汲井母誤墮井中鏌即從入俄遇救俱得出中歲父命游幕秦中一夕忽心痛自念平素未嘗如是殆父病耶急束裝歸父果病且殆詢病起時即鏌心痛時也嘗以冬月爲繼母求醫郡中途遇盜盡劫衣物裸體行二十餘里達醫所醫者歎爲神助貸衣授藥母病亦得愈嘉慶十五年　旌據備稿引一統志兼吳德旋初月樓文鈔纂

鑰字南京廩生有至行乾隆庚子應考　恩貢因侍母病不赴學官趨之急遂辭廩膳以奉母終嘗道拾遺

珠待久不至出東城密訪見老媼哭欲赴水詢之卽失珠者問其數曰三百粒鑰啓櫝數而還之不告姓名乾隆府志兼家傳

鏌曾姪孫超然字樂坡邑廩生有至性父歿於辛酉難中超然徧求屍不得爲具冠服斷左手中食二指血淋漓納諸棺招魂葬之超然從弟仁燿字光甫少穎異力學同治丁卯舉人考取內閣中書軍機章京陞戶部員外郎記名御史任事勤愼宅心純正大臣多器重之性至孝在京供職十餘年留妻子奉事不以自隨光緒丙戌秋以母老乞養歸卒於途年四十四未竟其用時論惜之據采訪冊新纂

陳啓麟字聖瑞年十六山寇縱掠仆其父於地舉刃欲下啓麟匍以身衛號呼盜殺我寇揮啓麟數刃傷左股仍呼號衛父益力賊感其孝釋之後父歿哀毀骨立廬墓三年乾隆十一年　旌祀鄉賢子際會孫景圖俱有聲庠序嘉慶志見乾隆府志

俞木字嗣祺順治庚子歲饑出資賑濟康熙戊午海氛未靖木請於官同諸兄練鄉兵置守具一日賊犯境率勇前擊摧其鋒不敢復犯邑有潮患爲築塘捍海罄其家夏蓋湖舊有十八溝閘蓄水蔭田值旱歲輒爲鄉鄰毀壞木特

設法輪巡永資灌溉邑令高之題義之表其門嘉慶志兼通志

陳文煥字明安爲廣西巡撫馬雄鎮幕賓甚見敬禮康熙十三年逆黨孫延齡叛雄鎮被幽上室文煥義不忍去亦同繫周旋患難四載後逆賊吳世琮趨桂林延齡執雄鎮詣賊營不屈死十七年　王師下蒼梧文煥乘變出城具雄鎮死狀軍前事得上聞奉　旨陳文煥忠藎可嘉着從優議敘授安邱縣知縣在任建學弭盜賑饑有政績乾隆府志嘉慶志卒祀鄉賢浙江通志據廣西名宦冊

朱鼎祚字凝齋諸生邑有夏蓋湖周百五里各都田禾藉

以灌溉鼎祚見堤壞捐葺之湖得潴水康熙初歲祲出粟振饑全活甚衆卒祀鄉賢嘉慶志　子璘字青巖由貢監官武昌府同知攝驛鹽道康熙甲子湖北奉裁兵之令督標材官夏逢龍即夏包子擁兵叛劫璘與通判張芑璘與芑均奮身怒罵逢龍令褫衣縛新南門城上自辰至酉暴烈日中璘氣不少挫次日露刃索印璘厲聲曰我頭可斷印不可得也復囚禁絕飲食已又遺酒食璘碎其器罵不絕口逢龍亦歎曰好男子好男子一日逢龍發按察使僞劄給璘武昌同知僞劄給芑璘芑裂劄大罵逆賊我等豈同汝反耶

賊欲殺之有耆老數百人奔號泣請乃復發營囚禁先是賊知璘不可威劫防稍疏璘密約芑及王相李國儁共會守備胡定海家謀討賊至是密與芑東下請援脫身走安慶乞師璘之被囚也妻邵氏聞變命長子瑞圖懷印繳安徽巡撫遣人密告璘璘曰印旣獲全死何足惜歸告夫人好自爲計小吏有感璘惠者保其家出城會大將軍瓦岱抵江寍命隨征督催糧餉軍至黃州擒逢龍磔於市以功擢南陽知府河南通志職官表作康熙二十九年任晉南汝光道有政聲公退之暇好學深思凡經史子集罔不研究纂有歷朝綱鑑輯略明史編年諸葛武侯文集二程文略八大家古文適諸書行世幼子

鵬圖字仲翊歲貢生著有浪雪草堂詩稿嘉慶志兼查昇鄂渚紀事朱光祖撰傳

何惟貴世居嵩城康熙庚戌歲大歉抵冬饑民載道鄭合僑捐俸市米施粥五門諭各鄉殷戶賑助惟貴遂同王毓麟首助並勸各戶輸米凡流移乞賑者命二子旭陽明陽罄資徧給之義聲聞遐邇康熙志時有好義先生徐旦字膚公諸生樂善好施子康熙辛未水災出粟周之甲戌大旱又振粟如前大嵐山寇起旦率族人助餉請剿邑賴以安嘉慶志

陳岸三義勇士也年七歲遇剿山寇兵見其魁梧挾之去習騎射各武藝年十六歲精練力能搏虎人呼爲大力岸三回籍由行伍授千總時山寇求岸三不得縶其父開一去賊有識岸三者私釋其父誘岸三岸三聞而詈曰賊奴欲以我爲不忠不孝人耶約城守周某夜躪賊營手刃十餘人返入城曰賊必臨城下吾兵少當先挫其鋭數日賊果大集岸三率士出擊賊敗入塔山圍守之戮其魁陳飛天其一突圍逸追不及自城歸里途遇賊目許大頭率百餘人至時岸三竟從一僕奮力擊不勝命僕彎弓中賊膝

殺之衆驚散舉其頭果大如斗寇平陞署黄巖守備一子歸其三子並居黄巖以武事世其家嘉慶志又四都陳曜星之僕全姓失其名曜星充部吏卒於京遺妻子七八無以歸僕有肝膽爲泣詣同事醵數十金扶櫬奉眷屬還中途遇盜力保得脫而僕之妻及子竟被害既至虞慮幼主無以爲生努力經營至老不倦後曜星子克誠登康熙丁巳鄉薦皆僕力也人以全義僕稱之據補稿新纂

張鳳岐字一鳳勇略過人嘗從許防守宏道游益習騎射海盜楊雍建巡撫貴州鳳岐與兵謀三載論功固辭歸家

中落充邑工吏康熙十七年王岳壽作亂圍城宏道素識鳳岐能語諸令命充團練使禦賊鳳岐率丁壯陳日新等數百人堅守五日援兵至賊上塔山欲遁鳳岐以此山懸脚與衆山絶導圍山麓盡殲之陞授江西游擊分勦九江等處盜賊民得安堵尋以母老歸隱嘉慶志兼趙殿最撰傳

陳皓瑜字子攻明翰林諭德美發子也幼承家學工詩古文詞北游京師與宋琬王庭施閏章秦松齡交善松齡招飲出所詠紅葉詩邀衆和皓瑜詩成衆皆擱筆歸名其園曰仔園與同邑韓豐穀陸日函輩詩酒往還時宋琬官浙

臯屢致書招之不一往著有刪餘草子詩字嘉在諸生父常客外詩年十二即理家政事畢讀書至丙夜竟數十葉悉記憶時范石書趙獻可胡子琢皆學詩於韓豐穀豐穀曰嘉在得乃翁的派不易及也以女妻之一日訪豐穀於城大雨驟至未霽辭歸留之正襟對曰詩所攜鰕脯乾魚待以佐父晚餐者急買草屨著之沽酒走二十里越兩山數溪歸豐穀嘆羨爲作詩紀之族弟于前幼孤幾失業詩攜歸教之讀及能文或德之曰第無負其先人耳德何有焉著有卜圃草德顯樓集孫柔克峻克俱有聲庠序曾孫

遇靑有至性嘉慶志

韓玉儉字豐穀父廣業見厲賢傳玉儉克承家學尤工詩與同邑陳子攻陸日函輩詩酒唱和韞奇不試授徒講學范石書趙獻可胡子瑑輩皆所造就著有悔菴集行世子雲字漢倬登康熙丁酉鄉薦工詞翰多著作虞邑言詩文者必推盧龍韓氏云嘉慶志

徐咸清字仲山明兵部尚書人龍子人龍自虞徙郡城咸清以蔭爲監生一歲能識字五歲通一經與毛西河友善遂精字學嘗患梅膺祚字彙疏略乃取楊雄訓纂許愼說

文顧野王玉篇並川篇篇海等書以正字形取陸法言切韻孫愐唐韻暨宋廣韻集韻等書以正字聲又取經史子集及漢唐諸帖有繫於釋文者以正字義自一畫至衆畫合若干卷名曰資治文字康熙十七年開博學鴻詞科郡縣薦咸淸至都謁高陽相國李霨高陽工小學與論字多辨詰是非先是閣中判詞例用查議諸字相國謂字書無查字必原判是察字以北無入聲呼察爲查因奏凡判詞查字俱改察然終不解沿訛之始會淸在座對以漢書貨殖傳有之顧查爲在在聲之訛非察聲也古在本察字爾雅在察也堯典在璿璣玉衡是也第三聲呼在爲查以查與槎同貨殖傳山不茬蘖卽槎蘖也字乃從草而諧以在聲故在聲爲槎槎轉爲查則是查者在聲之轉也若曰察之轉則叉也差也豈能轉查乎高陽色變乃復曰

改查爲察可乎曰不可老子曰其政察察亦惟察名不可居故以在字隱察名然則查可乎曰可夫字必有義查無察意而有在聲使以聲同而不顧其義則道可盜也曰道固不可盜而在則可查不觀在又爲裁乎在之爲裁察義同也然裁又爲財則無義矣裁可財則在可查矣裁之爲纔僅義同也然纔又爲才則無義矣才可纔則查可察矣高陽憫然謝起見嘉慶志而後三相錄試卷糊名終不用益都相國薦之亦不用遂歸越十年卒子東貢生能詩嘉慶志兼乾隆府志○毛奇齡撰墓銘女昭華有才名案見列女傳從弟允定字克家歲貢生與咸淸蜚聲藝苑時稱二徐蕭山毛西河造門定交謂其詩體俱近襄陽嘗遊京師以詩謁益都相國奇之延見萬柳堂立成萬柳堂賦一時傳誦著有涉江草更齋詩文集嘉慶志

錢霍字去病（乾隆府志作會稽人寄籍上虞）由諸生貢太學精舉業好爲詩自闢阡陌不假雕飾性豪飲喜劇談然內狷介恥以詩文干士大夫嘗遊京師故人居華要者不投一刺少詹事沈荃獨嚴重之曰去病今之李謫仙也鄉人姚儀好霍詩爲梓其集欲挾至沅州官署霍至吳門以老不欲往儀遂居之楓橋歲捐金予之儀死霍還家貧日甚而豪氣不衰吏部以次除霍訓導檄下已病沒數年（嘉慶志兼乾隆府志）

杜淇英字斐君原籍山陰從邑名士陳恩莊學遂附虞籍嗣叔上玉爲後事繼母陳敦謹有禮康熙乙卯登賢書戊

辰成進士授內閣中書同宗杜臻仕兵部尚書重淇英博洽遇有裁決必徵而咨之淇英引經據史口若懸河都下名公卿皆樂與之游越數年乞養歸卒年四十八所著詩文多散佚據備稿引家傳纂

丁鶴字芝田明宮詹進之孫歲貢生工制舉義官訓導尤工爲詩能力致本原不喜分宗別派之說嘗自言舉人世升沈與己身佛鬱渺乎無存何有古人故其詩和平研雅無事矜奇而人自不能過弱冠時卽雄踞騷壇與山陰宋西洲齊名有才子之目爲毛西河推重著有蘭皋詩選嘉慶

志兼刊補引詩選序輶軒錄

范蘭字文偉號石書廪生（嘉慶志作歲貢生）博通經史爲文汪洋有韓歐氣詩蒼古有李杜風曲阜顏考功視浙學獨奇其文梓以行世與趙獻可胡瑠爲金石交詩中往往及之獻可字資言瑠字他山咸以能文稱（嘉慶志兼輶軒錄）

鄭平字正叔康熙間以吏起家官福建寍化知縣寍自耿逆亂後歲派免比銀千二百兩值大計藉勘驗名色復派數千兩內署用物勒定官價民夫工食短少愆期苗糧耗羨每石浮征七斗富室紳士夤緣爲姦平涖任廉潔自持

痛革諸弊時米價騰貴窮黎流移平捐俸勸輸按口給糧各鄉設廠施粥諭殷戶糶倉米不足則輒發義倉次日米至價減民賴以蘇有古田坑羅茂養餘黨羅通羅遂等藉減租較斗爲名鼓衆拒捕屢緝屢叛平單騎往諭冀彼感悟鄰邑頑民嘯聚平嚴保甲禁民不入其黨夏月亢旱禾稼枯槁民訛言有賊攻城平令民備禦守望昕宵巡視復設壇祈禱天雨禾登訛言乃息他若雪露屍寃枉免盜賊株連理棄骸估冢及僞劵估產一時有鄭青天之號在官十有三月上官派輸洋船水腳銀平辭以饘粥不給不輸

民請代輸不可竟劾去民罷市七日紳耆奔訴監司至有赴京撃登聞鼓者居家訓子姪以教孝弟尙廉恥鍵戸讀書爲士行第一曾孫謨字斯文有文行教弟子有法度從游者徧八邑由歲貢任昌化訓導著有芃園文稿謨子暻暻子紹孟蜚聲庠序嘉慶志○謨門下士陳燧字退洲登乾隆壬午鄉薦任孝豐教諭工詩文賈敬存字在宗歲貢精研羣籍又有徐楠字清江諸生倜儻而性誠篤甲午科同考力薦不售尋卒見嘉慶志

趙完璧字瞻如幼不爲後母所愛完璧委曲承歡不違顏色母病與妻俞禱天侍湯藥不懈暨愈母感悟曰汝事吾孝至此願後人承汝弗替完璧卒年八十四康熙志長子震

陽字奎先以拔貢仕嶺南西甯尹考最第一改補福建漳平並著循聲遭耿變募兵守禦事平將加賞以年老歸據備稿引范嘉業撰

傳附見康熙志

陳步雲字峻飛諸生事父孝夜凡三四起問燠寒饑飽躬進溺器聞欬謦始就寢父患風疾醫者多異說不能決步雲取內經諸書閱之至五更假寐夢人謂之曰子毋讀是書讀詩可矣詩云維虺維蛇女子之兆及寤三復此詩易祥爲兆其爲姚乎亟卽訪姚醫治之乃瘳父年八十八終哀毀不入水漿七日父所常坐處終身不坐嘉慶志兼乾隆府志

謝寍渙字子懷農夫也父病痢寍渙月餘不寐父卒哀毀甚咯血升餘事繼母滌厠牏妻代不從至老弗怠母患熱思食西瓜時當春仲徧覓得之色味如新母兩目盲寍渙以人乳點目舐以舌日三次至八十餘日能見物百日目加明焉母年八旬餘寍渙巳六旬未嘗離左右母嘗語人曰我親生三子惟幼者存嘗貿易於外賴此子善養親生不及也 嘉慶志兼乾隆府志

陳作霖字時中諸生母張以貞節　旌庶母王生一弟作霖善事二母與弟友愛母病求醫途遇虎虎弭耳而逝侍

病三年衣不解帶母歿廬諸墓江潮沖激將及墓作霖攀柏呼天潮爲之退終制後懸父母像室中飲食必先薦乾隆十三年旌嘉慶志兼乾隆府志

羅羽豐字習齋諸生父枚年五十舉豐豐七歲隨上冢經破岡畈風雨驟至舟將覆諸子姪爭跳岸冀免且挈豐上豐以父年老且久痺號泣持父踵願偕溺水水灌舷終不動須臾風寂年十七而孤事母袁生母朱輒負米數十里外自館穀外不取非義財年五十二卒著有鷹峰集嘉慶志兼李府志

謝宗嶽字五高僑居會稽九歲父聯祚以軍功議敘同知歿於閩宗嶽哭盡哀歸葬近宅里許每從家塾過輒灑涕依戀大雨傷墓手掬土培之及長遊幕四方宗嶽擇近省往還吳閩豫章者三十年每更寒暑必歸省母及別牽衣哭不忍去母強之乃行遇令節宴會少飲即退偵之則閉門泣以不及奉母觴爲憾兄宗禮以食指繁析居宗嶽推己所分產讓其兄兄歿寡嫂孤兒悉供給督課之凡十有七年違族有鬻其女者贖歸且選壻備奩以嫁母病亟禱神請減己算以益母母尋愈年八十七終宗嶽年亦老悲

號猶孺子廬墓旁乾隆三十八年旌嘉慶志兼乾隆府志

徐允達字和叔諸生博學工詩文自經史外凡天官壬遁地輿陶郭家言靡不精曉性孝友父廷玲病淋閉以口吮其外腎不爲穢兄陳斌歿撫其遺孤自任自信啓迪備至尤好施予有鬻其妻子者爲贖而收之著有學圃尤言嘉慶志兼童國松撰墓誌銘

自任字慕伊號南野幼喪母慟哭嘔血遂失聲咿嚶若女子事父及繼母以孝聞每讀書日識數千言登康熙辛卯賢書雍正癸卯成進士及廷試有貴人閱卷重自任才諷使謁其門不屈榜發名最下下歸家討論

兵農錢賦邊防水利諸事居五年選授息縣令引　見卒以聲低下見斥遂浪迹名山大川入粤將爲海外遊會有同邑馬某任惠州歸善令强留之未幾卒著有踽踽齋文集南樓臧否藏於家嘉慶志兼焦祈年撰墓表

自信字斯未諸生五歲能詩邑名士范石書見而異之曰此天半彩虹也妻以女稍長專力於經病四書解義沿譌博采漢魏以來注家言旁通鉤貫纂四書罪我集又分事列目裒集古書名凡百二十卷嘗曰行文貴奇若東海蜃樓尙已故爲文雄博奥衍工草書人爭寶之雍正乙卯舉鴻博以母病未試歸明

年卒嘉慶志兼參邵坡撰墓志銘

趙殿最字奏功系出艮坡後僑居仁和生有異稟康熙壬午舉於鄉癸未成進士官刑科給事中　世廟命巡視盛古搭督理船廠廠用漢官自殿最始至則摘奸除弊貪吏皆望風去請設戶兵刑工四部章程一視京師有不便於民者立約禁革康熙三十八年達賴喇嘛進表明年四川總兵唐希順進復打箭爐各處喇嘛歸附者萬二千戶朝命殿最增置兵壘建設惠遠寺以處達賴喇嘛殿最相視地形建堂樓遊廊凡千一百有奇百日告竣民無謗讟

又以打箭爐爲全川門戶靈雀寺爲西藏要徑疏請添設守備把總各一員兵丁二百部置營汛首尾相應疏入上嘉悅改詹事府少詹事擢內閣學士尋遷工部侍郎山東旱蝗盜賊竊發 特命殿最爲督捕侍郎兼賑饑民先是奸民勾通猾吏囤積米石怨口沸騰殿最悉釐其弊吏無中飽民大悅十一年充殿試讀卷官教習庶吉士明年調戶部侍郎充經筵講官乾隆二年巡視兗豫河道在山東條陳事宜六在河南條陳事宜五又舉劾賢否一疏各予施行殿最之視河也斥儀從駕輕舟相度不差累黍山

東玲瓏壩一名春秋壩舊設涵洞於浮沙上春水微弱壘
沙堆築及秋汛泛濫沙隨水漂歲縻帑金無算殿最於涵
洞中間近溜頂衝之處用石粉塗塞兩邊各留入洞水大
仍疊石堵口無春築秋毁之勞賈魯河者爲數郡水歸宿
之區前撫臣奏請開通尚未合法殿最就其形勢闊狹相
間至匯流地瀦爲陂澤由是堤面無水溢之虞十月調吏
部三年晉工部尙書以疾乞歸敦本睦族祭必躬親先塋
之在虞邑者以七十之年渡重江之險不以爲疲手編疏
稿若干卷子世玉康熙丁酉舉人嘉慶志○案殿最鄉會科分爲壬午癸未乃康

熙四十一二年也三十八年剌麻歸附時尚未通籍其誤顯然又敘康熙時事不應稱世廟嘉慶志此傳動多乖舛今姑存之而附辨於此

胡世昌字我克康熙丙戌進士知直隸雄縣十一年捐俸建義學葺城池濬西壩亞谷易陽三橋築黃郗口閘尋署吳橋縣事有地畝坍塌者勘免糧銀千餘民尸祝之　駕幸直隸面試詩賦　欽取一等一名　賜御書一幅乾隆府志

夏熙字春臺任熱河巡檢前後十一年勤職愛民恤罪囚立義冢地當雁積歲收偶歉或有餓夫且出關餬口之人流滯者多塞外苦寒熙首捐資置產作每冬給棉施粥資

人無不知夏巡檢賢者直隸總督面奏將加超擢遽卒乾隆三十九年浙人祀之宣武門外廣誼園以爲土神嘉慶志兼乾隆府志○案浙人祀之嘉慶志作尚書王際華題　旌封全浙廣誼園顯靈侯福德正神

李蘇字靖頤少孤貧事母茅力田具奉鳴琴承歡愉如也俞郡守卿題其廬曰德節儀範勸應試辭曰老母在可晨夕離耶俞問民疾苦曰海防屢潰歲不登疾苦莫大焉俞爲築海塘數千丈蘇精研羣經著有天文志易元養心論嘉慶志

姚日炎字艮臣慷慨直戇里有大查湖漑田數百頃幷輸灌運河九埭河經久多墾爲田雍正己酉日炎捐貲

請官除田四頃有奇立石五雲橋側以杜復墾據備稿

徐雲祥字彩升號蘆江幼苦誦不輟寒暑弟雲瑞字卿升號鹿溪讀書兼人父懷玉奇之父歿雲瑞尙幼雲祥奉母課弟惟謹母病革衣不解帶者月餘雲瑞稍長一以兄爲師法時相砥礪家故貧謂立品當自安貧始康熙壬午雲瑞舉於鄉雲祥益自奮至癸巳鄉會連捷年五十矣雲瑞已於壬辰成進士官翰林雖貴嘗傷親之弗獲養也敬兄尤摯雲祥充　武英殿纂修校錄過勤遘目疾雲瑞朝夕問視雖溺器必親滌人以爲難校錄事竣將議敘吏部或

籍以侵牟雲祥絕勿與通遂寢雍正二年出知廣東新安
縣道閩雲瑞主試陝西喜曰吾弟敬愼自矢今膺重任必
不負國矣抵新安其俗善訟雲祥廉而能察發奸如神甫
三月俗少變竟以廉正忤上官劾目疾歸歸聞雲瑞之訃
大慟悲思抑鬱逾年遂卒雲瑞之在館也將改官者數矣
有欲爲先容者輒勿應以故閱十三載勿遷然文行醇雅
上亦雅知之典秦試回復充會試同考嘗分校禮闈京兆
試者再一時名士楊爾德嚴文在李清植輩多出其門復
篤交遊好施與都中號爲小孟嘗故人范石書歿䘏其遺

孤人以爲難雲祥曰吾弟少館杭歸遇貧不能殮者輒傾囊以與家無卒歲資而意志怡然此尤難也雲祥著蘆江集雲瑞著鹿溪文集遊秦詩草並行於世嘉慶志兼補稿引何玉梁撰傳

葉蓁字濟川僑居嵊縣康熙丁酉舉於鄉博通經籍兼長詩古文辭性好山水多所吟詠遺有刪注唐詩簡括得作者意據嵊縣志同時李國梁字犖基爲西圜十子之一家素封而勤學弱冠登康熙庚子副榜雍正間 詔州縣各舉一人其房師象山令馬受曾牒薦之艱於遇又困場屋二十餘年竟以明經終家遭火圖籍著述俱無存嘉慶志兼備稿引越風

陳赤爲字夏盐以孝義稱母病危夜禱中庭割臂肉爛湯以進母卒慟哭致臂創裂血漬重衣不覺也康熙間有梨園某負博金持戲衣質肆庫主人索之急某誑妻來虞將鬻以償赤爲聞之即代輸金妻得完聚某泣謝之據采訪冊

黄肇敏字克成由貢生授州同有窶人負官鏹鬻其妻肇敏爲之代輸同邑周聲鴻貧而能文肇敏爲治裝促游學京師遇盜歸又鬻田以資其行比聲鴻官河南商邱令招留肇敏一月密置千金篋中報之抵家僕以告肇敏召貧不能葬及未昏娶者代聲鴻給之立盡年六十三卒有官

粵東者致賻金三百謂貸之昔年家人無知者其生平陰德類如此乾隆府志兼汪沅撰傳同邑有陳維屛夏廷相徐安世者見人鬻妻助以金皆得不鬻鄉黨義之嘉慶志○采訪冊夏爾昌字金相鄰有朱姓欲賣妻償債爾昌適得會銀三十兩予之事載嘉慶志案舊志無爾昌事疑金相爲廷相之誤其名當是爾昌

徐肇楠字寶山寄居會稽家雖貧好施與嘗館京師以館穀周親串至無以應則解衣贈之歲暮訓其子曰制行無玷闕讀書有心得樂莫大焉因貧約而墮厥守將處富貴而喪厥志乎聞者歎服嘉慶志○府志作肇南

陳兆成字宜赤歲貢

生官奉化訓導仿胡安定湖州教授法撰學規十二則朔
望與弟子員集書院講求理學初兆成家貧習藝以不禮
於主人改業儒精參數理著有四書辨注太極圖說參同
契注嘉慶志兼家傳
徐錫川字于東博學能文虛懷若下乾隆丙子舉於鄉廌
京師未嘗過顯者門從游甚衆同時有徐允章字雲官以
文學高等入太學授陝西衛經歷上官知其淹雅檄修西
安府志並著有續金鑑錄恕齋集又有徐金甌字校臣徐
懷玉字梅川錢登俊字含南並以工詩文稱金甌著有春

秋正業　四庫著錄登俊官通判著有征途壁稿嘉慶志兼府志

夏攀龍字海會善騎射勇略過人官山東登州鎮總兵以平賊王倫有功陞四川提督金川不靖　命攀龍率兵勦之力戰死　賜祭葬蔭一子雲騎尉嘉慶志○案山東四川通志職官表均無夏攀龍名待考

上虞縣志校續卷十二

列傳目八　人物

陳于前　徐宏仁 芳　張文瀾　顏應元　夏存仁

金鎮　張元鑑 陸拱辰　趙金簡

經爾顯　陳光林　陳炳 飛鵬　王致中 煐

萬廷鎬　徐殿最
徐殿邦　萬邦懷　曹式寬 許則男

陳邁黔 石文　趙昱 信　趙孫英 士英　范曰俊 鄭驪路 王耀曰

丁鈺　張鳳翥 鳳閣 濤　鳳翔　羅煐

潘文炳　章軒　范衷 廷懋　朱亦棟　陳藩

王　煦　羅大純　禹源　柵　李　鼎　謝賜　許鼎占　丁志元

林　江　何如鏡　范繼昌　陳以莊

徐　松　趙　琴　葉向宸　楊光南

徐迪惠　虔復　作梅　陳　瀛　徐文潮　辰榮　琳　黃燕貽

錢　騋　何　淇　芾棠　倪　璜　袁作雨

王允中　王望霖　振綱　沈　奎　謝萊　錢　玫

沈清瀾　錢應昇　應涵　許正綬　傳囊　謝　聘　宋璇

劉鎮揚　金　階　朝棟　葛鵬飛　朱學富　徐長青

朱旌臣　袁希祖

國朝二

陳于前字獻若幼聰穎博通六經四子凡漢唐注疏及宋元明諸儒說所未及者別有心解所著四書講義方桑如徐廷槐稱其精研羣說默契聖賢咸尊信之晚由歲貢司訓錢塘教人以主敬窮理爲本士風丕振督學彭啓豐語其屬曰陳先生深潛純粹今之陸平湖也遇事剛果不屈陳學使某倨慢虐士有童生覆試後至者欲加以刑于前祈免不解抗聲曰公提學非提刑也何必爾學使爲懾服年七十六卒於官于前痛親不逮事歲時輒流涕因自號

豈義著有豈莪文集子潮博學工詩文亦歲貢嘉慶志

徐宏仁字聖木生而岐嶷年十二應童子試郡守奇之以屬教授陸鴻勳十五父歿貧無以殮書鬻身券質錢陸聞之贈貲得殮貧甚廢學日糊冥鏹得數十錢養母年二十發憤卒業晝則負販市廛夜則篝燈讀書與姻婭孟太史鄰居相近時往問字學日進食餼於庠學主躬行於義利公私之間辨之尤晰學使王蘭生欲薦賢良方正力辭不就雍正庚戌乾隆丙辰以歲貢薦孝廉方正均辭　賜六品頂戴事母孝母病禱神請減己算以益母壽病遂痊季

弟卒京邸匿不以聞私屬所親將柩歸葬歲時僞寄弟書并銀物終母之世不令知弟之亡也兄歿敬奉寡嫂撫幼孤嫂兄某欲奪其志宏仁力全之著有四書訓故不徇俗解積二十餘年而成嘉慶志作訓詁乾隆府志作四書講義嘗館於鄉火起抱訓故立淺沼中曰保是足矣

子芳字名遠嗜學工文詞行誼甚古乾隆癸酉舉人從游甚衆周總憲廷棟其尤著也所著留餘堂稿同年友湯某爲付雕族弟錫川以攻苦積勞卒於京芳爲經紀其喪乾隆府志嘉慶志兼家傳行狀

張文瀾字禹安家貧無子嘗卜夢於鳳鳴山神賜以鯉歸

拾遺金守候之有婦人號咷至詢知爲失金者遂還其金婦請分半不許請以什之三不許請他日以餽物謝文瀾曰破岡湖風波險惡愼勿來來亦不受也後舉一子嘉慶志〇嘉慶志同邑先後還金者明陳艮節陳致朱松二十我朝陳仰峯陳泰徐嶽降及其子淸遇皆守候失金人還之或不告以姓氏顔應元居章鎭有池湖壩久圮鄉屢患水捐資築堤以障之嘗拾遺銀約二十兩宣言於衆曰此非積勤所致即貿產以資生者坐待之旁有紿之者應元予以碎銀五錢至次日鄰郡龔姓倉皇造門請遂益以己財補數還之據補稿引家傳纂乾隆時又有夏存仁於下壩市拾遺銀二十

餘兩自晨守至午有人覓至問其數相符檢還之其人不謝去旁觀爲抱不平存仁不問姓名反婉言解之據采訪冊新纂

金鎮字聲先其先由赤城遷虞父顯宗於明季遊庠高尚不仕鎮事親孝康熙甲寅土寇横行鎮時年才十九出奇擒巨魁當授守備職見保越録欲以科目起家不赴至三十始補邑弟子員爲開封胡尹幕賓歷京華關陝人多師事之以母老歸嘗葺學宫見自作記文於碑刻無徵年五十九卒著有反三都賦春秋翼傳中州遊集梅花百詠據備稿引胡令具瞻撰傳新纂

張元鑑雍正癸卯舉人知河南虞城縣有惠政民戴之若

父母時巡撫田文鏡嚴甚屬吏憚之鮮當意者獨愛元鑑長厚乾隆四十三年祀虞城名宦嘉慶志

陸拱辰乾隆三年以州同署獲鹿縣事四越月明敏果斷温厚和平民歌來暮而惜去之速據獲鹿縣志增

趙金簡字玉書又字石函寄籍嘉善登乾隆丙辰順天舉人司諭遂昌己未成進士初爲河南通許知縣民愛戴之三年改杭州府教授凡十八年諸生皆樂問業爲文清徹醇茂啓迪不倦性廉介不受餽遺尤工書法精賞鑒詩得宋人逸趣天台齊召南以才子目之卒年八十四家徒壁

立錢塘梁同書贈地葬西湖學者稱赤繡先生著有石經古屋詩文稿十六卷行世嘉慶志兼杭州府志嘉善縣志兩浙輶軒錄兩浙校官詩錄

經爾顯字維周雍正元年任四川廣元典史廉靜愛民有經老佛稱廣元有李家灘水中亘立三石舟觸立壞會水涸石根出爾顯募工鑿之不能動乃禱於神積薪燎之石𧽚然離故處自是舟過無患又有虎白晝噬人爾顯召獵戶射斃四虎患頓除乾隆甲子移福建赤巖巡檢兩載歸卒年七十九據黃嶽撰傳新纂

陳光林字孝義五齡父天球染痼疾家中落母何氏以子

幼寄夫兄所而已赴會邑作升斗謀去絕音問逾年父歿光林孤苦九歲爲人牧牛稍長勤農事佃田償租外得贏餘卽愴然曰母入會邑久矣存耶當迎養亡耶當歸葬若不幸適異姓亦當面母一慟遂入會邑徧訪資斧竭哭而返明年又徧訪不見乃哭禱鳳鳴山神夢神謂之曰念汝孝令汝母子重聚毋過悲三年復入會邑累月無蹤跡坐路旁晝夜哭甚哀行路爲之流涕忽一老僧叩其故曰汝不識舅氏豈能獲母耗光林肅然跪請老僧曰汝舅家無定所念汝孝吾挈汝往夜買舟黎明叩門入舅詢之曰此

汝甥三年尋母者也舅諦視之驚曰吾負汝吾負汝向者年荒不能容食指汝母怨我甚說往諸暨傭工存亡未卜若之何光林悲益甚曰不見母誓不歸遂偕舅氏入諸暨偏訪遇與舅氏識者曰汝姊尚不死不數十里抵某郵問刑書某家見汝姊矣即踵門謁見母子不相識舅語之故且喜且悲聞者感嘆謂非神明導之來不至此爭贈贐餞別嘖嘖稱陳孝子云嘉慶志

陳炳字青標父周英孤貧力學年三十未娶母勸之遂謂媒曰夫婦以德合齒以實告毋自誑也久之有謝女于歸

逾年生炳博通經史爲名諸生性淡泊不苟授生徒必兼學行參究宋儒諸書母謝守節炳事之孝乾隆中　詔開賢良方正科同人欲敘行義炳力辭之嘉慶紀元邑令舉孝廉方正又因母殁不就好施與創設城西施材局義冢等事年五十五卒門弟子誄之曰貞惠先生著有七經翼義性理管窺讀諸子論斷及松巖筆記詩文集若干卷據唐聖贇撰行狀纂子飛鵬太學生力學有得舉郡大賓承先志建施材局宇周卹孤寡時人謠曰誰可通有陳公事有急陳公出楊郡守鉅源旌其廬曰端醇人稱端醇先生年逾七十

卒飛鵬子見龍侍親疾禱神請減己算以益親算與兄方南弟振南友于無間不以析居私其財振南亦嘗刲股療父疾次第爲諸兄卜葬人以爲難據家傳新纂

王致中字道和創建家祠置祠產乾隆辛未夏大旱歲饑傾囷賑給者數月乙亥秋潮沒田禾歲又饑致中計口分賑錢米大者每米二升錢四百小口半之是冬復以前數給之踵門乞者人黍一盂佐以齏鹽至次年四月徧給無倦容年六十子孫謀稱慶誡弗許曰近邨某渡橋梁未成某地塘路未甃可即以所需費修之肆筵設樂奚爲哉督

憲咯以芳型足式旌其廬裔孫爕字振聲丙午秋嚴郡洊遂大水死者蔽江下爕募丁壯涉波浪中收遺骸數十具棺槨瘞之邑當乾隆辛未後歲常不登與致中同賑饑者有萬廷鎬字成齋捐米千斛咯督以古道克敦表其門尋以樂善好施具題嘉慶志時有德於鄉邦者徐殿最字益恭增廣生與弟殿邦施衣給食咯督旌以任卹可風殿邦尤以孝友稱刲股療父病父爲從姪瞽者娶婦殿邦承志養其家終身應由貢生授州判以兄殿最卧病不赴白首同居嘉慶志兼家傳萬邦懷字仁庵有古風同居七世食指不下數

百閭門翕如里有永濟閘久圮數十里田穀不登邦懷率鄉老訴之官發帑修築又出己資於閘左建庵並割田以給守望暨歲修費嘉慶志○案水利張立行永濟閘記文載萬德新築閘建菴事德新是否即邦懷待攷

曹式寬字而栗國學生端方好義嘗於計簿見祖若父名必拱立一日買魚市肆主者以其素不校也多與之歸家始知返走六七里還其餘年四十無子妻龔爲娶一妾夕入房妾潸然淚下詢之因仇家誣其夫爲賊繫獄久鬻身贖夫罪式寬即出房待旦促媒氏送歸不索其價弁資助

之龔氏遂於是年生子嘉慶志　又有許則男者字伯麟孝事母陳老而無子將納妾姚人毛萬榮因葬母乏資乾隆壬申謀鬻其妻則男納焉入門見婦有戚容問故婦以實告則男急還之并慰諭萬榮不索聘金夫婦感謝去越數年連得二子人皆以爲陰德之報據采訪冊新纂

陳邁黔字星瑞歲貢生力學不倦築半埜書屋於西南門外教授生徒一時從游者皆知名士熟諳鄉先掌故著有以俟集嘉慶志　石文字行之號貞石寄籍杭州諸生家貧少學爲詩歌無所承受而神致俊爽酷似徐昌穀家有小樓

嘗與厲大鴻金壽門丁敬身陳授衣輩酬唱其間年三十二無所遇侘傺幽憂以死故人掇拾遺編十得一二陳授衣爲序以傳嘉慶志兼遺集序

趙昱字功千與弟意林寄籍仁和讀書春草園數十年以詩古文詞名於時方朴山有二才子之目同時沈歸愚杭堇浦厲樊榭皆不時造訪相與唱和著有愛日堂詩集行世乾隆朝與意林同舉鴻博意林名信十六年南巡召試獻詩扇側理紙賜錦四疋遂以名其堂沈歸愚作賜錦堂記有同林倡和傳刻並著有秀硯齋集嘉慶志

趙孫英字葢峯登乾隆乙丑進士授刑部主事以讞僞稿一案　賜元寶二錠累陞郎中大學士傅公恆奏調吏部文選司視事三月欺弊無所乘踰年授山西濟寧道伊犁旣平回部入覲晉當孔道讌勞之節孫英實總其成嘗一夜馳數百里不言勞辛巳　駕幸五臺　召對稱旨擢直隸按察使調貴州再擢四川布政使皆以廉愼自矢年四十七卒於官嘉慶志兼乾隆府志

趙士英性耿介不屈威武任南京漕運同知攝糧儲道時有屯田衛所世官三十六家匿欠十餘萬以萬緡賂士英祈勿問士英不受曰方今兵需告

匱告在爾等尙欲敗乃公事耶宦知不可挽復賄應天撫撫屬之士英竟備文申撫撫不能隱追捕歸公士英卒以他事罷官嘉慶志○案嘉慶志列此傳於趙孫英傳前檢大清一統志江寧府明初定都曰應天府正統六年定爲南京與今稱名不同且江寧設布政使無巡撫所稱應天撫並無此官其督糧同知或可稱漕運同知而總漕所屬並無屯田衞所疑傳文沿誤茲附於此待攷

范曰俊字友千性孝友未冠聞大父在楚病危即馳赴因僑居焉與諸弟艱難相依季弟早世撫猶子如己出乾隆辛巳始挈眷旋里　召試二等生平好學不事家人產卒年七十五著有養素堂詩集易庸會通嘉慶志兼乾隆府志鄭驤路

字邦榮諸生篤友于兄弟賈東甌失利謀鬻鬮路產聽之勿吝後兄弟豐於財推讓路主家政讓路無私蓄研究經史工詩古文詞時人以詩質者務盡推敲有鍼灸詩病之稱嘉慶志

王耀旦字宇清增廣生居南鄉黃垞壟早年喪母後母遇之虐耀旦事益謹嘗含淚不令父知後母亦感其孝晚患偏痺不能起耀旦日夜侍側搔撫飲食無間者六七年父母相繼歿喪葬盡禮廬墓旁鄉里稱之據采訪監冊纂

生丁鈺方七歲失母祖母呂撫養成立當呂初病鈺年十七嘗糞知病能起後年二十四呂又病嘗糞味苦雜藥氣

知食不化背而泣呂果没人以爲難新纂

張鳳翥字梧岡乾隆戊辰進士歷署四川江陽廣安事有聲辛未授彭山令彭西北四十里有通濟堰分四洞穿渠溉田久廢雍正間督撫黄庭桂檄修復古制十一鳳翥度地諮民請增修引縣小海子水入堰濬智遠洞下古溝八十餘里鑿翻水口分支入眉州共復古渠二十八並眉州古渠十四溉田八萬七千餘頃又舊有社倉分儲穀一千四百石鳳翥諭士民捐輸復得三千六百石於每鄉適中之區建倉編號擇老成者防守之公正者司其出納彭民

益有備無患他如捐建縣署學宮易忠孝橋石柱修彭山志在任七年政績甚多罷官後庽蜀二十年卒少工文詞與族兄弟鳳閣鳳翔有三鳳之目著有漁郁詩稿六卷嘉慶志兼家傳馬慧裕撰詩稿序鳳閣號芸窗乾隆甲子與鳳翥同領鄉薦徧游楚粵不遇司諭桐廬有鳴嵒自吟若干卷鳳翔字方海初名秉嶽張氏譜作光琇爲文有奇氣年十三帥學使拔入邑庠後撥例貢成均應南北試十七次掄元者五掄魁者七卒不得舉辛卯壬辰間大興朱筠督學安徽鳳翔與餘姚邵二雲會稽章實齋武進洪稚存黃仲則輩同在幕中一時推

爲祭酒嘗偕游禾石青山諸勝朱學使游記皆首列名家多藏書雅善詩洪稚存更生齋詩論絕句其一云描頭畫足高東井盪胷回腸瞿叔遊都遜上虞張處士每誇醉刎月氏頭洪自注高瞿張皆同在安徽學使署張有詠西瓜燈詩句藍團盧杞臉醉刎月氏頭著有方海詩集行世丁酉卒於都門據張氏譜朱筠河文鳳集洪北江集新纂

翕次子志鑑官河南彰衞懷河道孫濤字海山登乾隆乙卯順天副榜歷知山西絳縣汾西洪洞安邑諸縣道光二年陞絳州知州清廉勤慎釐正地糧設鄉塾加書院膏火葺養濟院造汾河浮橋及設粥廠散棉衣施棺諸義舉尤加意水利疏泉建渠引溉田禾歲旱有備絳民永賴涖任

八載卒於官祀絳州名宦據山西巡撫請祀名宦冊

羅煥字禹光乾隆乙亥由從九揀發東河初任濟甯州閘官累擢至運河河道會連歲亢旱微山湖水僅三尺許煥督工挑濬韓莊八閘以次疏瀹漕船得循序北上以能調直隸永定河道値水漲晝夜搶護不少怠遷山東按察使尋以屬縣獲盜未辦被議左遷運河道時漳衞兩河泛濫恩德之境淹沒民田無算煥相度形勢請開馮家雙閘以洩臨清姜家莊漫水開武城之牛蹄窩閘以洩夏津漫水其館陶漫水自常家溝洩入衞河冠縣漫水洩入運河邱

縣漫水洩入直隸之滏陽河巡撫福據以入告擇日興工水消田出民遂以安閱二載卒於官高宗純皇帝器重之嘗曰有此人運河省朕勞心也筮仕四十年所至以敏練稱嘉慶志

潘文炳字迥塘乾隆癸酉拔貢授儀徵縣丞有聲以忤上官罷歸授徒講學一空習解工詩文著有淳香齋文稿詩學偶存同時有舉人馬文炳字孔彰廩生屠雄字萬青生員陳攀龍字半峯咸善屬文有文集行世攀龍兼善詩詞嘉慶志

章軒字星輸歲貢生年十一邛令肇熊面試以文操筆立就邛以國士目之比長爲文高卓不可一世父疾卧不解衣者月餘舉以孝稱邑九都十都瀕江居民多賴沙地爲生自呂家埠淤漲潮曲難達隄屢決軒爲捐貲疏鑿以免潮患鄉人德之嘉慶志

范衷字士恆生有異禀博通典籍乾隆辛卯成進士　廷對以一甲第三名及第授翰林院編修乙未充　武英殿分校庚子纂修國史供奉　內廷稱職　賜如意文房諸珍癸卯充順天鄉試同考官所拔皆知名士乙巳大學士

文成公阿桂以衷樸忠正直可任諫職遂改授江南道監察御史署吏禮二科給事中皆有聲己酉元旦有邑目人朝參失儀以糾察不嚴落職明年起用補刑部主事復兩充鄉會同考官嘉慶改元衷年六十有三與千叟宴大典性不苟合時大學士和珅驕勢自尊奴視僚佐衷獨抗論不少屈珅謂人曰何哉吾終不能屈一范先生也聞者以爲言衷笑曰吾六十年老寡婦而失節耶珅銜之卒以京察署下考免官踰年卒於京嘉慶志兼謝階樹撰傳○案嘉慶志作遂絶意仕進歸

子廷懋字勖庵嘉慶甲子順天舉人官蘭溪教諭夙承家

學悃愊無華善植士類工詩遺稿多散失據許輯兩浙校官詩錄新纂

朱亦棟原名芹字獻公乾隆乙酉副貢戊子膺鄉薦屢試南宮不第就平陽訓導半載即乞病歸鍵戶著書至老不倦嘗師事錢竹汀詹事與邵二雲學士友善故學有根柢考據精詳著有十三經札記二十五卷羣書札記二十六卷行世自號碧山人稱碧山先生卒年八十四弟子陳月山得其傳據備稿兩浙校官詩錄兼采訪冊纂

陳藩字价封乾隆甲寅舉人司諭遂安春容大雅道光丙戌膺薦入都時年已逾六十羣推耆宿焉見兩浙校官詩錄

王煦字汾原幼聰穎經史早卒業弱冠膺乾隆己亥鄉薦考取覺羅官學敎習王偉人朱石君劉石菴三相國器重之出知甘肅崇信縣授通渭移疾歸煦學宗許鄭徧覽先秦古書魏晉前金石文字多所創通凡二十年先後成小爾雅疏說文五翼行世皆有功於小學罷官後適餘姚翁鳳西開藩湖南聘修通志武陵知府鄭松谷延主朗江書院一時人士爭務樸學晚仍著書不輟有毛詩古音文選七箋國語釋文補補音空桐子詩稾藏於家卒年八十二據補稿兼家傳纂

羅大純字維一邑增生博學能文精求性理從游甚眾虞北尤多親炙許正綬爲入室弟子爲人稱近齋先生著述多散佚見許安孝年譜子禹源一名嘉元字禪云由舉人官滄州學正家學嚴肅經術湛深與時忤罷官仍隨父講學里第遠近宗之同族栴字交讓明敏練達多爲人排解行文立就屢薦不售晚年以歲貢司訓衢州著詩文甚富難於挍葺據國朝兩浙校官詩錄纂

李鼎字尚玉寄籍會稽乾隆丁酉舉於鄉父紹祖樂善好施鼎如其父雖囊橐不繼不顧也父母病躬親湯藥衣不

解帶及卒晨夕哀哭三年未嘗見齒所學必遵程朱越人咸稱爲古之人古之人子思曾乾隆丙午副貢任屛山知縣志嘉慶

謝賜字錦堂又名曉字開汾諸生事繼母顧曲盡孝道母嘗冬月病痢親滌穢物手至皸裂爲鄉塾師嚴課讀著有北渚吟草稿據補

許鼎占家貧能曲體親心有所嗜必竭力致之親病多方醫治且祈神佑咸臻上壽會鄰火延燒鼎占家堂祭器獨無恙論者謂純孝所致府志乾隆

丁志元字德方諸生嗜學寒暑不輟著有四書彙解補注事父母雍雍色養父病刲股

雜肉以進及歿歲時祭祀必齋戒沐浴悉遵古禮道遇尊長必拱立里黨稱爲方正先生嘉慶志

林江字秦川元尹希元之後乾隆六十年湖南苗匪亂以縣丞投効大營嘉慶元年湖北教匪陳德本據當陽江以父大椿任東湖典史乞假省親即赴軍營奉巡撫惠委同巴東縣令王應文勦捕東湖對馬山教匪何宗訓等有功不數日長陽告急復移兵進勦與應文分路攻擊因衆寡不敵死之　賜卹世襲雲騎尉從祀昭忠祠嘉慶志時有何如鏡號晴峯嘉慶二年署四川灌縣尉廉幹有聲攝縣篆

值教匪猖獗守龍門闕竭力防禦三年明將軍領兵至關如鏡策應直前亦遇害據補稿

范繼昌字瑞五初任陝西石泉縣典史嘉慶元年白蓮教匪陷湖北竹山縣繼昌隨西安將軍收復即授竹山知縣時匪黨猶出没繼昌築城練團招集流亡防禦甚固建復養濟院賑卹飢寒修葺文廟書院并邑志患城中無水掘井以資汲取數年盡心民事旋以勦樊人傑大股賊功賞戴花翎陞鶴峯州知州仍署縣事卒於官竹山民立祠祀之據采訪冊

陳以莊字謹堂諸生聰穎而數奇鄉闈屢薦不售貧病無子嘉慶十二年與修邑志平情衡論不阿私好克敏克勤抱病益力時稱以死勤事嘉慶志

徐松字星伯從父立綱號百雲入宛平縣籍成進士官翰林編修督學安徽告養回籍徐氏家傳松以大興籍登嘉慶六年鄉薦十年　廷試第二甲第一名進士入翰林出爲榆林知府緣事謫戍新疆居西域六年徧遊南北兩路著新疆志略十卷道光初獻諸　朝　特旨賜官中書松又著有西域水道記新疆賦漢書西域傳補注漢書地理志集

釋唐兩京城坊考宋會要□百卷宋中興禮書續禮書明氏實錄補注据彭邦疇新疆賦跋纂互見經籍參選舉表考

趙琴字丹山父一鳴諸生以孝義稱著有古香詩鈔詳賈夢熊撰傳琴承家學食餼後每列高等生平慷慨好義少聞諸師賈渭竿曰子耳白過面當無事得謗然亦有文名歐陽文忠其明驗也後設教姚虞間弟子從游日眾詩以陶柳爲宗著有凝香書屋詩鈔四卷古文二卷課餘卮言六卷嘗手輯禹貢水道律呂圖說儀禮注疏輯略夏小正經傳集證學詩緒餘諸書季弟鶴子春熙皆傳其學据何旦撰傳

葉向宸家世業農少貧以勤致富性好施與嘉慶中嘗割腴田二百畝爲邑諸生賓興費道光四年楊光南捐銀千有百兩購穀建義倉又於五年捐田六十畝與向宸同助諸生省試資斧至今賴之謂之楊葉費先是乾隆年間助鄉試路費田者有錢必邁光南子國棟亦以義行稱采訪冊

徐廸惠原名肆三字聞詩弱冠登嘉慶戊午鄉薦九上公車不第由大挑署江西進賢縣義寧州事所至有聲授泰和縣迭清要案重修邑志創設義渡百廢具興會連年旱潦捐廉賑給收埋淹斃嘗與靑田端木國瑚參定地理元

文奉　旨召相萬年吉地解任進京旋以母喪歸徙居郡城明尚書徐人龍故第性戇直好施與嘗捐田百二十畝作會試公車路費士林德之著有象洞山房詩文集行世據備稿參采訪册

子鼎梅更名虔復字寶彝幼穎悟稍長博覽强記年十五以詩賦受知姚學使元之有神童之目中道光己酉科副車戊午後不復應試肆力詩古文詞與越中諸名士遊生平意氣淩厲議論風發不可一世咸豐十一年九月粵匪陷郡城先一日抱詩文稿至餘姚依其戚蔣進士聯福居迨賊陷餘姚擁虔復去所識黄某先在賊所見

虞復詫曰若胡至此虞復曰若從賊耶吾惟死耳黃咋舌不語趨白賊虞復才足用賊屬黃款之虞復憤不食罵賊求死俄而大飲啖數日賊防稍弛虞復中夜起得賊佩刀倚柱袒而斸且斸且呼黃曰徐虞復死矣黃驚起已浴血僵賊爲具棺葬事聞　贈直隸州判雲騎尉世職著述多燬於火惟寄青齋詩詞稿尚存據家傳及墓誌銘

弟之子作梅字嶺香登同治戊辰進士任廣西東蘭知州旋知思恩縣有聲民爲立去思碑授北流縣有巨盜據塘負固羽黨數千作梅令紳富設團勇復請兵合擊之盜夜劫營作梅趣勇

奮擊盜自相殺獲首百六十餘級大吏保以同知用攝貴縣篆俗多盜骸罈勒牘者爲著地理須本天理說以曉諭之并釋無辜脅從多名在官六年積勞卒於昭平塗次據采訪冊

陳瀛字列三嘉慶癸酉由供事授奉天[甯]遠典史監逸巨盜十八人緝獲後瀛訊知㑊民請釋不許赴部訟寃皆得生旋知[甯]遠州值邪匪猖獗巡邏終夜獲多人鞫得爲首者十八墩郭姓瀛輕騎詣墩未至數里匪用邪術截瀛馬足瀛下騎直走不稍卻忽有數人跪道旁稱青天爺爲國

爲民不避險難民不敢復生事矣嗣是十五年匪不爲患盜遠有熱水塘水沸異常投金即見蓮花愚民多奔赴後斃命瀛爲石闌禁不得近患遂息爲民闢邪類如是擢鳳陽知府署廬鳳潁道未涖任卒子惟模任湖北通城知縣據采訪冊

徐文瀚字景韓三歲失恃九歲父病劇聞家人言割股可療疾遂刲臂肉和藥進父卒哀毁如成人孝事繼母任任故富室女喜奢華文瀚遇事曲全出入隨侍一日母至社廟祀神聞比鄰火恐驚母且拂其意竟不以告僕婢咸化爲孝有僮任七年十餘歲所與物必歸遺其親父老見之

歎曰此爲十二所化耳十二者文潮小字也文潮少孤力學年十五補弟子員嘉慶戊寅　恩貢工詩賦古文著有哀鳴集孫辰榮字翰卿增貢生亦三歲失恃事繼母甚孝如其祖性剛正粤匪陷虞城辰榮偕從父子晉練團擊賊時里人有從賊者慮辰榮與子晉爲賊梗欲以僞職脅之不屈將焚其廬以遁得免賊平後歷署德清開化教諭開化有諸生忤邑宰欲誣革之以百金爲辰榮壽卻不可據采訪冊同族琳字德峻幼失恃孝事繼母王侍膳無倦容母嗜五婆嶺泉琳親汲往來八十里復於病時購飲人蔘

多金勿令知比析居諸弟歸其值辭勿許子婦宋以節著據徐氏譜

黃燕貽字竹舫與弟燕翼燕譽均入國學相友愛道光己未父沒遺命勿析居兄弟白頭如故並課子姪以耕讀同治時歷三世內外四十餘人聚順無間言兄弟同穴葬應家山邑令旌其門皆居南鄉據采訪冊

錢騄字西來嘉慶辛未進士授翰林院編修充方畧館纂修座師曹文正公嘗器重之丙子充順天同考官所得皆名下士道光壬午京察一等授江西九江知府首崇文教課濂溪書院士子輒親衡甲乙無倦時萬吏部青藜應德

化童試特拔取爲庚寅俸滿入覲宣宗溫語移時有謹愼小心眞讀書人之褒辛卯擢湖北荆宜施道荆州地逼長江每屆春秋川河泛溢七邑受患縣爲相度修築民得安枕癸巳秋川水陡溢隄口衝潰城內居民亦遭淹沒縣首捐廉賑䘏全活無算監收荆關鈔稅值災歉商舶少進不敷報銷與當道不合遂引疾歸平生清苦自厲歷京外二十餘年囊無私蓄交友則以義相尙歸里後著述自娛輯有三禮異同禹貢條辨等書未及成而卒采訪冊輯有史鈔三百卷詩鈔三十卷○據備稿纂

何淇字懷清邑諸生好義行尤有功於西鄉水利故事總巡分姓按年董其事淇族自明季由餘姚遷虞不與巡事西鄉水無來源夏葢湖漸墾爲田兼以諸壩漏洩灌漑失資嘉慶九年淇度地勢在菱池華溝陡亹三處創建石堰則水壩爲東堤扼要處并復驛亭河淸小越三壩其高下以葢湖新陞中田爲則年五十竣事歸歲脩資於總巡農民至今賴之子芾棠道光甲午舉人由大挑官新城訓導辛酉西匪犯境躬率義勇擊退　賞加國子監典簿銜采訪冊

倪璜字佩雙嘉慶己卯舉人父患風疾十餘年遂絶意進取侍奉左右父病劇行烈日中禱求神藥歸途值暴雨猝中暑濕死稿備袁作雨字既平質魯好學從羅近齋遊入邑庠好施與無德色人有非義事輒面戒之會夏旱祈雨迎社神周行邨落衆議衣冠前導步烈日中逾時歸卽仆地中暑死聞者歎息據重桂堂集袁十一叔傳新纂

王允中字克恭素有才幹不欲鬱居鄉里於嘉慶丙子年入都供職刑部由四川司郎中轉雲南司韓尙書優禮之道光壬午隨送

仁宗睿皇帝梓宫復匿　蹕木蘭大吏皆以才能稱允中益愼遇宗室鉅案發審執法不阿會京察當得高等因同寮疏防致抑旋乞疾歸好客喜施予時有小孟嘗之目與姪望霖創置倉塾各義舉凡修橋築閘亦多協助贊成之年齒相若情如兄弟焉卒年六十一據馬志燦撰傳纂

王望霖字濟蒼號石友由太學生入貲授中書少端慧先達茹三橋見而器之長博涉羣籍尤好吟咏家故饒千金一舉施濟不吝監築沙湖塘無量閘爲一邑保障重建梁湖文昌閣太平橋置社倉義塾及田冢諸義舉以惠里族

工書法畫蘭竹巖石有奇趣藏書數萬卷精鑒名人墨蹟

擇尤鉤摹鐫石號天香樓藏帖年六十三卒有遺稿四卷

藏於家祀郡城詩巢先是與山陰杜煦建王文成劉忠介祠於蕺山歲時聯同志致奠至今勿

替謂之王劉會○長子振綱字則方登道光辛卯鄉薦揀

選知縣議敘員外郎重修沙湖塘雄於文築杞菊山房以備稿兼邵燦撰傳

聚羣籍嘗輯家譜著有天香別墅學吟十二卷漫存二卷

所輯虞志備稿尤足資考證焉次鴻謨由廩貢選授孝豐

訓導孫淦候選同知廉幹有才以籌餉功浙撫左文襄公

奏保賞戴花翎據采訪冊

沈奎一名粲昌字星聚號仙源廩膳生幼穎異工詩賦古文以傳世自任家貧不苟取同學推重之屢躓場屋益刻苦爲著述計嘗館會稽嘯唫里主人阮鳳藏書甚富奎得縱覽焉嘗刪定列女傳編輯百孝圖先是嘉慶間邑士朱文紹纂修縣志多乖謬奎摘其非作虞乘刊誤既又補其遺漏成虞乘刊補二十四卷閱二十餘年右手攣痺不能書易以左縣令龍澤澔將刻以傳爲忌者所沮晚年病篤抱書就徐廸惠謀付梓未果卒又著有帚珍齋詩文集及詩商廿一史刊誤等書藏於家備稿同時諸生謝棻字海山與奎

友善亦留意梓鄉掌故搜羅先賢遺著輯有虞故錄十二冊一知錄若干卷據采訪冊

錢玫字元燾廪貢生歷署西安教諭長興訓導所至與多士講求根柢之學以實行相砥礪去之日士皆遮道攀留選補昌化訓導不就道光辛巳徵舉孝廉方正　賜六品頂戴玫幼工帖括比長博通典籍鍵戶著書歷寒暑不輟嘗因明謝讜古虞詩集輯歷朝上虞詩集十六卷增補詳核入繫小傳足備一邑掌故又著上虞金石志略一卷多爲杜春生越中金石記采錄時沈仙源著虞乘刊補玫復

搜采遺佚考核棄取著家山鄉眘錄雖未成帙足爲修志津筏外有韓詩註三世五王傳長者山房詩文集藏於家晚精醫理好施方藥遠近乞者輒獲奇效嘗議濬曹江口通潮引濟運河以救農田旱暵卒年六十有六葬朱郜郡守徐榮題其墓碣備稿兼采訪冊

沈清瀾字河渠登道光辛巳　恩科鄉薦性淸介讀書好深湛之思爲文務守矩矱嘗於郡中立精舍教授弟子有法莫寶齋侍郎見而奇之薦入安徽督學汪文端廷珍幕文端重其學行有加禮時省中大姓某爲子求師文端以

清瀾應既至主人厚禮之一日陪至別室散錢滿地主人笑謂清瀾曰他日教子成名願罄此藏爲先生納粟貲清瀾不顧去無何又慮清瀾子處飾二美婢至詰之曰奉主人命來侍枕席清瀾大恚乘夜叩學使署謁文端曰始吾以先生爲正人今乃知直火坑我也文端詢其故乃曰始啗我以財繼誘我以色是以小人之道待清瀾清瀾可一朝居耶遂拂衣辭去固留不得晚年家益貧緼袍蔬食泊如也不可干以非義著述多散佚新纂

錢應昇字賡雅與兄應涵同登嘉慶己卯鄉薦道光壬午

會試挑取謄錄選授武安知縣武安民俗强悍號難治應昇首興文教捐廉益諸生膏火士皆向學丁未大旱創設粥廠棲息所全活數萬咸豐癸丑粤匪竄武安應昇率練勇出城迎擊殺賊數人無何賊蜂擁至力不能敵中傷倒地衆兵救免猶負重創强起令多設疑兵乞師鄰境賊遁輿疾歸遂卒大吏以爲國捐軀聞　卹贈如例據采訪冊新纂

應涵更名烒字惺園饒才幹廣交游文譽騰躍屢薦禮闈不售司訓嘉興惜未久旋卒據兩浙校官詩錄

許正綬字齋生一字少白世居會稽父元相齒德並尊遷

居虞北正綬豁達多奇試輒冠儕登道光壬午鄉薦己丑成進士當得高第以原名正陽有所避歸部銓選承親志請改教職歷任湖州嚴州教授居母喪會邑令楊溯洢建經正書院落成首聘主講衡鑒不虛時陳景祺劉煇皆肄業焉值夷警潰兵譁擾爲請統帥示禁鄉邑稍安甲辰復教授湖州修葺學宮興復安定書院仿杭州詁經精舍例以經解古學課士士皆蒸蒸日上創設義塾勸建程安節孝祠忠孝諸祠發潛闡幽孳孳不倦復勸施粥賑飢會僚友欲壽六十令饋以米石悉濟粥廠屢登上考大吏保以

知縣力辭以勸捐助餉　賞加國子監監丞銜清譽文望老而益劭卒年六十有七私謚安孝彌留時猶以立身誠意勖子孫書法雄健晚年用雞豪書得者寶之著有重桂堂詩文集十一卷校輯書籍甚多今有　國朝兩浙校官詩錄十八卷行世祀湖州府名宦據崇祀錄兼高學治撰墓誌銘王琖撰傳略纂

子四長傳震庠名炳森勤於纂輯三傳囊受母章教成名司訓歸安修學濬池克承先志歷任武康西安訓導監杭州紫陽書院以才能稱有詩稿與傳震遺詩均見兩浙輶軒續錄孫家愷庠名康濟增廣生善論著世守儒業采訪冊

謝聘字味農好學能文喜友名士不樂仕進兼善繪花卉著墨不多妙得天趣嘗手輯國朝上虞詩集足備輶軒之采著吟香館詩鈔均梓行弟磻字樂漁以所居對夏蓋山著有一角山房詩草據許正綬撰詩草序兼采訪冊同時宋璇號齊雲貢生好施濟嘗捐巨貲修六項塘性清雅自構南樓別墅於阜李湖山麓栽花蒔竹六十餘年多名人題詠著南樓吟草詩餘共三卷次子烝割股瘳父疾三子粱四子棠女彩華俱有詩稿璇有五子七孫無一殤折人以爲瑞山陰杜煦贈詩云芝蘭得地皆留種桃李逢春盡放花次句指諸子蟬聯入學也○據宋氏譜新纂

劉鎮揚字峴峩家貧好學弟子多從之游登道光戊子賢書庚子攝廣西左州事地近交阯號難治鎮揚隨俗設施民夷帖服甲辰充同考官晉省途遇盜胠篋無所得笑曰此窮官也舍之去改任恭城下車即痛革一切徼規胥吏肅然盜賊屏息有富商與鄰女私事發懷賂五百金鎮揚卻之即日斷結己酉卒於官恭城人朝夕哭奠奉其位入崇善祠又斂財賻送歸備稿 咸豐辛酉粵匪陷虞邑有賊目故恭人獲劉氏子曰汝知劉恭城某乎其人跪爲鎮揚後賊釋其縛曰此清官子孫也令速去其遺愛入人如此據采

訪
冊

金階原名灝字景華登道光戊子鄉薦年已逾五十應禮部試已擬中聞母喪馳歸遂絶意進取造就後生乙未科門下士登賢書者九人一時稱盛先以諸生走京師文名聞於南北早斑鬢髮時人稱爲金白頭足跡未嘗達顯者門好周人急卒年六十六子朝棟字德如寄籍直隸清苑中道光乙未舉人任河南羅山縣知縣嘗捕治重案尤關心農政以憂去起補修武咸豐甲寅汝陽土匪傅九功等攻陷光山大吏檄權汝陽篆勦撫兼施生擒其酋保舉卓

異明年補安陽躬親捕蝗斷獄明敏庚申再任羅山值捻匪苗沛霖踞壽州汝光路梗援絶朝棟攖城固守賊輒被創去年餘事平陞用知府同治丙寅卒於豫均據家傳新纂

葛鵬飛字登雲家貧自城中徙居蒿壁鄉傭耕自給婦趙織紝佐之饘粥外積直置地十三畝憾生平不得竟其學願割十畝輸於學備歲修費乞阮教諭兆熊白邑令周鏞周欽其人欲舉爲鄉大賓謝不就有二女命各置奩以蓄餘貲長女既嫁旋卒臨没取所積番銀四十餅返諸父曰爲翁甘旨之需未幾次女又病將死亦舉所蓄番錢十七

曰爲兒施善舉祝翁壽會邑令楊溯㴬建經正書院鵬飛罄二女所積益以三得成數六十并續置山地數畝乞汪訓導彭模達於縣而輸納焉楊義之爲作樂輸記據五美錄參用備稿

朱學富幼喪母號泣如成人比長習木工資傭直以奉父食物爲父所未嘗輒不食主人或遺之必歸諸父里有小橋將圮父過失足爲力建之鐫父邦燿名額曰志心所以成父之心志也父病不解衣帶者累月及卒痛絶復甦廬墓烏金山側夜臥晝出無間寒暑者三年有六月兄弟族

姻憂其無子勸之歸始大哭撤廬復刻木像與妻汪事之如生其初宿廬也有巨蟒昂首横道厲聲斥之即遁去夏夕無帳多蚊跪天而祝蚊竟寂然咸豐初壽七十邑令張致高表其閭曰至孝可風後三年卒（據陳濤撰廬墓記兼備稿）後有徐長青者少孤賣豆腐爲生事母陳盡孝母嗜魚日膳以雙漁人感其孝遇市無魚亦爲力求焉母又喜粉餈長青每晨必團粉爲餻俟母醒進之有族曾孫婦寡居夜哭甚哀長青承母命探之知改適人不忍離其三子母曰能節衣食以全其母子乎長青即以米三斗餽其家復時接濟婦

卒以節著三子亦成立長青年四十六病卒復甦謂二子曰吾死不足恤顧吾母年逾八旬今死不復能養吾母願兒曹爲我善事之言已遂絶不及他事據采訪册

朱旌臣字曉雲性剛介爲文有奇氣道光丁酉登鄉薦第一屢躓春闈咸豐甲寅以知縣揀發安徽試用丁艱留辦皖南糧臺以接濟得力陞同知署績溪縣事調攝宣城篆己未粵匪竄宣城旌臣涕泣誓師力守孤城月餘城破北面九叩首衣冠坐堂皇駡賊賊以其忠設館待之勸降者再卒不食死　卹贈如例據采訪册

袁希祖字荀陔幼隨父作霖商於漢陽父沒希祖才數歲部郎某見而器之令就學其家遂補漢陽縣學生道光丁酉舉於鄉丁未成進士改庶常授編修咸豐壬子擢侍講洊陞内閣學士己未典福建試所得皆名下士署戶部工部侍郎性伉直庚申秋夷人犯津門京師戒嚴大臣請文宗巡狩木蘭希祖屢疏諫阻不得遂望屬車痛哭遂嬰疾和議成改兵部左侍郎竟以病卒有奏議一卷行世采訪冊

上虞縣志校續卷之十二終　列傳八